内田 樹せんせ主宰の新たな地域コミュニティ
凱風館から学ぶ「子育てのかたち」

困難な子育て

みんなで育てる

育てながら学ぶ

今を充実させる

堀埜浩二
KOJI HORINO

監修・内田 樹
TATSURU UCHIDA

Bricoleur Publishing

はじめに

「子育て」とは読んで字のごとく、「子供を育てること」です。この場合「子供」は目的語で、「育てる」は動詞ですから、素直に考えれば主語は「子供の親」ということになりますね。

では子供を育てるのは、本当に「親だけ」なのでしょうか。

子供が乳幼児期の、いわゆる「育児」の期間こそ両親、特に母親の関与度が大きくはなりますが、やがて言葉を覚え、人としてのコミュニケーションを始める頃には、親以外のさまざまな人たちが「育て」に関わってきます。家族や親戚、近所の人々、お友達……保育園や幼稚園、小学校などに行くようになったら、もう子供は自分たちのソサエティを持ち、いろんな人たちの影響を受けながら、ある意味勝手に育っていきます。そう考えると、「子育ては親の仕事」と当然のように語られていますが、本来は親だけでは子育てはできないような気がします。また、近年では夫婦が共働きしながら子育てをしている家庭が多いようですし、それぞれの家庭の事情で必ずしも両親が子育てに関わることができないようなケースもありますから、一概に「子育ては親の仕事」と決めつけてしまうのは、どうもちょっと無理がある。もちろん「子供を設けた」という社会的責任から、親が主体的に子育てに関わることには、違いないのでしょうが。

現在、この国の「子育て」を難しくしている問題の多くは、この「子育ては親の仕事」という呪縛によるものではないか、というのが本書の一つ目の前提です。『困難な子育て』というタイトルは、そのまま「子育ては困難である」という意味に解釈していただいても一向に構わないのですが、その実は、フランスの倫理学・哲学者のエマニュエル・レヴィナス（Emmanuel Lévinas）の著書『困難な自由（Difficile liberté）』に因むものです。『ユダヤ教についての試論』という副題を持つ同著は、内田 樹氏が翻訳されていますが（国文社・２００８年）、ご自身が「レヴィナス師との出会いの書」とおっしゃっている重要な本であり、かなり難解なものです。その内容についてはここでは触れませんが（とはいえご興味のある方は、ぜひお読みください）、同書の後に内田 樹氏は『困難な成熟』（夜間飛行・２０１５年）、『困難な結婚』（アルテスパブリッシング・２０１６年）という著書を出されていますので、本書はその延長上にある一冊となります。

ゆえに本書は、子育てに関するマニュアル本や指南書の類ではありません。また近年の子育てに関するさまざまなトピックを、眉を顰《ひそ》めて語っていくようなものでもありません。むしろ「子育ては困難である」ということを自明のこととして涼やかに受け入れながら、その『困難な子育て』の森に分け入ることで、幾許《いくばく》かの気づきを得て、子育てを愉しむ「気分」を創ろう、という趣旨の本です。そのために、インタビュー集とフォーラムの採録という、気楽にお読みいただけるスタイルにしました。

思想家であり、武道家でもある内田 樹先生（以下、本書では「内田先生」と表記します）が主宰する合気道道場の［凱風館］は、能舞台でもあり、また寺子屋やマルシェなど、さまざまな文化的イベントや交流の拠点として機能しながら、新たな地域コミュニティとしての「場」を形成しています。そんな［凱風館］の門下生や関係者の中で、現在子育て真っ最中の大学教授や建築家、会社員など、さまざまな職業やお立場の４組のご夫婦に、お二人の出会いから結婚・出産、そして個々の子育ての実践や夫婦の役割分担、子育てから学んだことなどをインタビューしてお訊きしました。お話を伺った４組のご夫婦に共通しているのは、「合気道を学んでいる」という点です。そのことが子育てにどのように関係しているのかについてのご意見も、本書の核心部分になるでしょう。更に、［凱風館］で内田先生も交えて「子育てフォーラム」を開催し、先生の子育てに関する考えもお伺いしました。故に本書は、完全に「子育て」だけにフォーカスする内容にはなっておらず、みなさんのパーソナル・ヒストリーを含め、話の内容は結構あちこちに飛び散らかります。でも、その散らかり具合が、「子育てがしんどい状況である」とメディアで喧伝《けんでん》されているところのこの国の現在の、「子育てのかたち」や「子育てという営為の本質」について見つめる際の、なんらかのトリガーになるように意識して構成しています。

本書のもう一つの前提は、「正しい子育て」というものは存在せず、同時に「子育てには成功も失敗もない」ということです。この点については、内田先生のブログ日記から引用しておきましょう。『正しい育児』という表題で２００８年にお書きになられたもので、先生がいくつかの育児誌の取材を受けられた際の「お説教」をまとめたものですが、その内容は本書に真っ直ぐにつながるものです。

（以下、引用）

昨日の最初の話題は「子供を階層の違う家庭の子供と付き合わせることの可否」であった。
最初は質問の意味がよく分からなかったのだが、
どうやら「自分たちとは価値観や生活様式の違う家庭の子供とは付き合わせたくない」ということを公言する親御さんがいるらしい。

そうしたいなら、好きにすればよろしいとお答えする。

しかし、単一の価値観、単一の生活様式しか許容できないようなタイプの子供が成長したあとどうなるか、親御さんたちも多少は想像した方がよろしいのではないか。

そのような子供は長じて価値観や生活様式の違う人々と共同体を作ることを不得手とする人間になる。

当然ですね。

政治イデオロギーも信教も美意識も食物の好悪も、自分と「違う」人間はできる限り忌避し、似たもの同士の同類とだけ暮らしたいという人間ができあがる。

本当にそれでよろしいのか。


第一に、そういう人はクリエイティヴな仕事に就く上で多大の困難を覚えるはずである。創造的な仕事の現場とは、たいていの場合、「そのような考え方感じ方をする人がまさかいるとは思わなかった他者」たちとの出会いの場だからである。

それはまた配偶者の選択肢がきわめて限定されるということでもある。異性間で価値観と生活様式が一致することはきわめてまれだからである。

そして、運良く配偶者を得たとしても、それは自分の子供と共生することに困難を覚えるということである。ふつう、幼児は価値観とか生活様式というようなものを確立していないからである。

それはまた、老齢者となった親が子供から忌避されるということをも意味している。老人と若者では価値観も生活様式もはなはだ異なるからである。

価値観や生活様式を異にする人間とは共生しない方がいいと教えられてきた子供たちは合理的に推論した上で、彼らを「そんなふうに」育てた親たちについても、「最近、うちの親も歳とっちゃって、なんか話が噛み合わないんだ」と思えば、逡巡なく視野から排除するであろう。

話が噛み合わない人間と話を噛み合わせるために知性的・感性的リソースを用いるのは「よくないことだ」と子供のときから教えられてきたら、当然そうなる。

もし、そうなっていないとしたら、それは子供たちが、「価値観や生活様式が同じ人とだけ付き合いなさい」という親の教えに従わないで、勝手に成熟したからである。

子供を「価値観や生活様式の違う家の子と付き合わせないためにはどうしたらよいのでしょうか」と訊いてきた親たちは、いずれ自分たちの子供から追い出されることを通じて、そのような問いの答えを求めたことを後悔するか、あるいは子供が自分たちの言うことを全然聞かないで成熟したことを知って、そのような問いの答えを求めたことの無意味さを知るか、いずれかであろう。

どちらにしても無駄なことである。


子供は放っておけば、必ず価値観や生活様式の違う他者に惹きつけられる。

それは生き延び、子孫を残す上で必須な能力と資質がその関係を通じて涵養《かんよう》されることを子供自身が本能的に知っているからである。

親がそれを阻害しようとするのに「何か効果的な方法はありませんか？」と訊かれても、答えようがない。

自分の子供を「誰からも愛されず、誰も愛することのできない人間にしたいんですけど、どうしたらいちばん効率よくそうなれますか?・」という質問に、誰が答えることができようか。

現在メディアで育児戦略として流布している理説のほとんどは、「誰にでも、いつでも妥当する」という建前を掲げている。

しかし、その一点で、それらの理論はすでに間違っている。

というのは、育児は構造的に斉一的ではありえず、かつ首尾一貫しないものだからである。

すべての子供はそれぞれにきわだって個性的であり、同じ子供は二人といない。

そして、子供は絶えず変貌している。

だから、「誰にも、いつでも妥当する」育児戦略というのはありえないのである。

育児理論について私たちが言えるのは、

「単一の、首尾一貫した育児理論はつねに失敗する」ということである。

ここまで、よろしいでしょうか。それでは肩の力を抜いて、『困難な子育て』の森へと歩を進めることにいたしましょう。

※本書では、読者のリテラシーへの敬意に基づき、「子ども」との交ぜ書き表記を排し、「子供」の表記に統一いたします。

困難な子育て

内田 樹せんせ主宰の新たな地域コミュニティ
凱風館から学ぶ「子育てのかたち」

目次

余裕がないからできた、集まり、つながり合える「場」

砂田祥平さん
沙紀さん

最初にご登場いただくのは、内田先生から「子育ての話なら、真っ先に海運堂だよ」と強くレコメンドされた、「海運堂」というコミュニティスペースを主宰する砂田《すなだ》祥平《しょうへい》さんと沙紀《さき》さんのご夫妻です。JR神戸線の住吉駅から徒歩5分、「凱風館」からも徒歩数分にある3階建ての1軒家の一部を、「住み開き」のスタイルで開放。地域の人々の「ゆるやかなつながりが生まれる場」として、主に子育て中の方々が集まり、さまざまなイベントが行われたり、軽い「託児の場」としても機能しています。

夫　砂田祥平さん

1981年、大阪府枚方市生まれ。関西外国語大学国際言語学部卒。在学中にお母さんが始めたイタリア料理店を手伝いながら、システム開発会社、出版社などに勤務。内田先生が神戸女学院大学の教授時代に開講していた社会人ゼミに通い、合気道を始めて、「凱風館」の開館とともに神戸に移り住む。神戸のIT系企業で勤務しつつ、内田先生の「IT秘書」も務めていた。2019年より自らが主宰するIT会社「甲南キッチン」の代表役員に。

妻　砂田沙紀さん

1984年、兵庫県姫路市生まれ。関西大学社会学部卒。卒業後、金融会社や家電メーカーに勤務していたが、結婚のタイミングでは夫の祥平さんが無職だったため、「このままでは夫は私を頼るに違いない」と考えて退職。その後、内田先生の助力を得て、開かれた長屋としての「海運堂」を立ち上げる。「海運堂」は今春、特定非営利活動法人（NPO法人）に。現在、長女5歳、長男2歳で、取材にお伺いした際にはお腹に第3子が。この春に、無事に次男をご出産。

SNSでの出会いから同棲、結婚へ

——まずはお二人の出会いから、お伺いしましょうか。

砂田沙紀さん（以下、敬称略）　ツイッターで出会いました。２０１２年ですね。

砂田祥平さん（以下、敬称略）　それも僕じゃなくて、彼女から最初のメッセージが来たんですよ。それまではお互いなんの接点もないし、全く知らなくて。

——どうしてメッセージが来たの？

祥平　僕がツイッターで内田先生とやり取りしていたのを、沙紀さんが見ていて。彼女は内田先生ではなくて、哲学者の鷲田清一先生の大ファンだったんです。「鷲田先生と結婚したい」とまで言っていたぐらい。どうも髪の毛がフサフサしていない方が好みなようで（笑）。僕は当時、出版社の１４０Ｂさんに勤めていて、そこで鷲田先生や内田先生たちの共著で『おせっかい教育論』（１４０Ｂ・２０１０年）という本を出版していたので、それでなにかつながったのかな、内田先生と。

沙紀　私は元はといえば鷲田先生のファンでしたけれど、内田先生の本も何冊かは読んでいました。大学を卒業して、最初は損害保険会社で事務の仕事をしていましたが、どうしても肌に合わずに半年で退職して、その後は家電メーカーの営業として量販店を回る仕事をしていました。だけど、たまたま紹介していただいた仕事だったということもあって、営業にも向いていないし、毎日しんどいなぁ……と思っていた頃に、内田先生の『呪いの時代』(新潮社・2011年)を読んで、精神的にすごく助かったところがあって。「内田先生にお会いしたいなぁ」とか、「合気道をやってみたい」とか思っていたんですけど、私は人見知りをするところがあるので、まずは内田先生のことを知っている人に会いたい、と思ったんですよね。

――いきなり内田先生にお会いするのではなく、なんとなくワンクッションが必要だったと。

沙紀　そう。で、まず内田先生のツイッターをフォローしてみると、内田先生の「IT秘書」として先生とやり取りしている人がいて。それが彼だったんですけど。

祥平　それで彼女がある日、「合気道ってどうなんですか?」ってメッセージを送ってくれたんですよ。

沙紀　当時、祥平さんのツイッターのアイコンがペンギンで、年齢も性別もよく分からなかったけど、なんだか軽い調子で軽いことを呟いている人だったので、気楽に会ってくれるかなぁって思って。

――数ある内田先生のフォロワーの中でも、「1番軽めの人」みたいな。

沙紀　そうです。なんとなく、一般人なんだろうなって思って(笑)。

祥平　こっちは初めは、「この人、大丈夫かなぁ」って思いましたよ。ひょっとしてヤバい人なんじゃないかと(笑)。で、恐る恐るメッセージを返信してみたら、意外と普通の内容が返って来たので、じゃあ一度お会いするぐらいなら、と。壺でも売られるんじゃないかとめちゃくちゃ警戒していたので、大阪駅の改札口の前で待ち合わせしたんです。会ってみてヤバかったら、すぐに逃げられるから（笑）。

――昼間のテレクラみたいな出会い方（笑）。

沙紀　ほんと、それと一緒ですよね（笑）。

祥平　でも実際に会ってみたらごく普通の人だったので、お茶を飲んで、お腹が空いたからご飯を食べましょうかって流れになって。お互いに機嫌良く「じゃあ」みたいに別れて。そんな感じの出会いでした。

――私は祥平さんとは、まだ出版社にお勤めだった頃に知り合いましたよね。その出版社を辞めてからも、たまに人づてに祥平さんの情報を聞いていたんですけど……ある日、凱風館で麻雀をしている時に、「砂田くん、結婚するみたいですよ」って唐突に聞いて。「え？　結婚って、彼にそんな甲斐性あるの？」と驚いたんですが、「いや甲斐性とかじゃなしに、どうも彼女の家に砂田くんが急に転がり込んで、勝手に同棲を始めたみたいです」って。その辺り、事実関係はどうなんでしょう？

お二人　そのまんま、です（爆笑）。

――その話を聞いた時は、「砂田くん、なかなか大した男やな」って（笑）。沙紀さんのことは、「転がり込んで来た砂田くんの面倒を見ている女性なので、それなりにしっかりした人なんだろうな」と思っていたんですけど、後に初めてお会いした時に、なんともふんわりした感じ

の印象だったので、「なるほどなぁ。今どきはこんな感じなんかぁ」って。

沙紀　はい、こんな感じなんです(笑)。

祥平　それから結婚することになって、凱風館に内田先生を訪ねて「結婚します」ってご挨拶したら、先生が「結婚式はどうするの？」とおっしゃって。「お金がないので結婚式はしません」とお話ししたら、「じゃあここでしなさい」ということになって。

当時、僕は内田先生のご人脈についてはほとんど知らなかったんですけど、「知り合いにお坊さんがいるからここでやればいい」とおっしゃって、その数日後に釈 徹宗《しゃくてっしゅう》先生[*注1]をご紹介いただいたんです。結婚式の事前の準備段階では、釈先生と当時よく一緒にいらっしゃった尾崎さんとメールでやり取りして、結婚式の当日に初めて釈先生にお会いして、仏前式というかたちで結婚式を司《つかさど》っていただきました。それで私たちが「凱風館で結婚式を挙げた最初の夫婦」という栄誉にあずかることができたんです。

迷いなく出産できたのは、凱風館があったから

――ご結婚から第1子のご出産までも、早かったですよね。

沙紀　早く子供が欲しいね、というのは二人に共通する想いでしたから。自然の成り行きでした。

――経済的な不安や、実際に子育てが可能かどうかとか、考えなかったんですか。

祥平　そういうことは、二人ともあまり考えないんですよ……って、僕はあまり偉そうに言える立場にはないのですが(笑)。

――現在の少子化の原因の一因は共働きが一般的になっているからだと言われていますが、お二人にはそうしたことは関係なかったと。今でもはっきりと覚えていますが、釈先生がご住職を務めていらっしゃる如来寺《にょらいじ》（大阪府池田市）で［甲南麻雀連盟］の麻雀大会があった時に、「赤ちゃんができました～」って、みんなに見せに来ていましたよね。

沙紀　あれは生後2カ月ぐらいで、ちょっと落ち着いたかな、という頃です。

祥平　釈先生にお願いして結婚式は凱風館で仏式で挙げていただいたので、子供の名前も釈先生に名付けていただきました。ということもあったので、釈先生のお寺にみなさんがお集まりになるせっかくの機会に、子供の顔を見てもらいたかったんです。結婚式から子供の名前まで、本当にみなさんに甘えっぱなしですね。

――そこはやはり、内田先生がいらっしゃって、凱風館という場があって、ということなんでしょうね。

沙紀　強く意識していたわけではないのですが、後々考えると、凱風館のコミュニティがあったからこそ、安心して結婚したり出産したりできたのかな、と思います。

――お二人はSNSがなかったら結ばれてはいなかったから、よく言われる「SNSの功罪」

の「功」の部分が現れた、理想的なケースですね。その辺りの空気感が、この海運堂にもそのまま出ているような気がします。

沙紀　合気道のお稽古のために夫婦で凱風館に行く途中で、偶然にこの空き家を見つけて、「家族でここに引っ越そう」と思ったのが、海運堂を始めるきっかけです。以前はもう少し離れたマンションに住んでいたのですが、ここなら凱風館にも駅にも近くなるし、戸建てに対する憧れもありましたし。でも、さすがに家賃は高くなります。自分たちだけで居住するにはもったいないし、最初から「人が集まる仕組みを作って、ここを凱風館や地域の人たちと共有したい」という考えはありました。ただ、私たちにはまとまった資金がない。そこで内田先生に、「ここをみんなで使う場所として借りたいので、援助をお願いできませんでしょうか」とご相談したら、ご快諾いただけました。それで、祥平さんの名義で初期費用としてかかる金額をお借りしました。

――その時は、まだこの家は借りていなかったのですね。

祥平　まだ借りていなかったです。というか、ここを借りるための借金でした。

沙紀　こんな1軒家だから、家族三人で暮らすには広いと感じたし、それなら「地域に開かれた長屋のような場所を創ります」って。海運堂という名前も、内田先生に名付けていただきました。でも、とりあえず建物は借りたし、「みんなの居場所」というイメージはあったんですけれど、じゃあ実際にどうやって使うのかということを議論しないままにスタートしたこともあって、当初はいろいろと手探りでした。

——結果として、現在の「住み開きの、子育ての場」に落ち着いたと。

沙紀　まずは数家族と取り決めを交わして、その家族の間でシェアして使おうか、という話があったんですけど、あまり実態がない中でそんなことを説明しても、イメージが湧かなくて。「長屋」とか、「サードプレイス」とか、「みんなでみんなの子供を見る」っていう言葉は当初から共有されていたんですが、それをどうやってかたちにするかが分からない。そこでまずは海運堂を知ってもらうために、さまざまな催しを開いたり、人を招き入れたりしました。ずいぶんと試行錯誤をしたなと思います。

——内田先生からの借金を「ここまで返しました」とか、経理上の全てをオープンにしているところが、偉いなぁと思ったんですが。

沙紀　催しものの会費や賛助金で運営しているんですが、第3者がいないので、経理面のことは自らオープンにした方が安心していただけるのでは……と思ったんです。「みなさんが来てくれているおかげで、海運堂が運営できています」というのを可視化したい、という気持ちもあります。

——階段の下に「内田先生　残り80万円です」って貼り出してありました。

賛助金のお願い。お礼に瓦せんべいをプレゼント

沙紀　あの貼り紙は、結構みなさん気にしてくれています。頻繁にお越しくださる方は、「最近、全然減ってへんやん」とか、「ここまで減ったんか！」とか、「早よ返しや」とか、色々と声をかけてくれます。

内田先生が凱風館で開講されているゼミの宴会の会場としても、年に数回、ご利用いただいているのですが、その時に内田先生に直接ご覧いただけるように、という思いもあります。借金をご返済するために海運堂を運営しているところもあるので、その思いはみなさんと共有していたいんです。

内田先生からの借金の残額を貼り紙で掲示

――内田先生はよく「制度設計は性善説をベースにすべきだ」とおっしゃっています。性悪説というのはネガティブ・チェックに走りがちで、「こんな奴がいるから蓋をしないといけない」ということばかりにエネルギーを費やすので、機能不全に陥《おちい》ってしまう。人間の善意というものに対する信頼を持った上で物事を進めた方が、あらゆる制度はうまくいくよね、という。そうした考え方の一つのかたちとして、この海運堂があったりするのかな、という気もします。

「長屋的な場」と、子育ての安心感

——今、日本の「子作り」を支えているのは、地方で生まれ育って、都会に出たりはせずにそのまま家庭を築いている人たちだと、よく言われています。全部を一緒にするのは語弊があるかもしれませんが、あえて言うとマイルド層も含めたいわゆる「ヤンキーの人々」ですね。20歳代の早いタイミングで子供を作っている彼ら彼女たちが、いまこの国で、実際に子育てをしている層の大きな部分を占めている。一方で、都市部の中心になればなるほど、結婚はしない、子供も作らないという「DINKs《ディンクス》スタイル」の夫婦のかたちが、当たり前になっている。そこはもう、きれいに分断されているようですが。

沙紀　そうすると私は、ヤンキーに近いのかなぁ。結婚も出産も計画的に進めてきたわけではないので、いわゆるＤＩＮＫｓスタイルとはかけ離れている、という実感があります。

祥平　僕はＩＴ系の仕事をしていることもあって、周りにはＤＩＮＫｓみたいなスタイルの方が結構多いです。「結婚して、お金はどうしてるの？」って訊いたら、「いくらかは家に入れて、後は自分で自由に使って、お互い好きなことをやってるよ」というような。でも僕は、そういう話を聞いても、個人的には全然しっくりこないんですよ。それで幸せなら別にいいのかなぁ、とは思いますけど。

——そういった方々は、当然お子さんはいないし、今後作ることもなさそうですね。

祥平　いないところがほとんどですね。僕が高校時代に仲良くしていたグループの中で、結婚しているのは僕だけなんです。中学校の時の友達で、僕の地元の枚方に残ったグループの中には、結婚して子供がいる人も多いんですけど。

僕は高校が枚方高校、大学も枚方にある関西外国語大学だったので、大学を卒業するまでずっと地元の枚方にいたんです。関西外大は滑り止めで、本当は地方の法律系の大学を狙っていたんですけど、落ちちゃって。関西外大なら車で通学できるし、もういいかって割り切って楽しい大学生活を送ろうと、すごく安直な理由で決めたんですけど、でも大学に行ってもとにかく退屈なんですよね。だから図書館に籠《こも》りがちだったんですけど、そんな時に図書館で出合ったのが内田先生の本でした。

——運命的な出合いだった、と。

祥平　僕は、高校時代は上野千鶴子派だったんです。高校には4年行きましたからね。その間になぜか上野千鶴子に目覚めて。ほんと、面倒くさい男だったんです。ちょっと何か言われたら、「いやぁ、それはさぁ」って返すような。「何よりも父権性がいけない」とか。

——どうして上野千鶴子に目覚めたのでしょう。

祥平　授業にも出ずによくふらふらと出歩いていたんですけど、図書室に良い司書の先生がいらっしゃって、授業中に行ってもお茶を出してくれるような先生で(笑)。それで居心地が良いから、司書室で本を読んでいることが多かったんですけど、「こういうのも面白いよ」って先生から渡されたのが、上野千鶴子の本で。最初は確か、『東大で上野千鶴子にケンカを学ぶ』(遙洋子/著、筑摩書房・2000年)だったと思います。それを読んで、「あ、この人、結構面白い人なのかな」と。

――上野千鶴子さんの文章には、興味や好奇心を起動させる力がありますからね。で、そこからある日、タツラー（内田先生のファンのこと）に切り替わったと。

祥平　そうです。くるっと転換して。で、大学在学中に、神戸女学院の内田先生の教え子と合コンをするという希有な機会に恵まれて。正確には大学は卒業していて、教員免許を取得するために、単位を取りに通っていた時期なんですけど。

――その時の合コンのメンバーっていうのは……。

祥平　僕の一つ年下なので、内田先生のゼミを卒業した1年後か半年後ぐらいの女の子たちでしょうね。合コンの相手が「内田先生の教え子」ということなんて、全く知らずに行ったんですよ。向こうもそんな話は全然しないし。合コンも見事に盛り上がらなかった(笑)。で、その中の一人と連絡先を交換したんですが、僕がたまたま書いていたブログをその娘が見て。僕のブログの「お気に入り」の一番上に内田先生の「内田樹の研究室」を貼っていたんですが、その娘が「え、これうちの先生だよ」って。こっちは「え、ちょっと待って。もっと詳しく聞かせて」って(笑)。

――そもそも神戸女学院の内田ゼミの学生さんは、先生の本を全く読んでいなかったそうですから。「いやぁ、読んでくれないんだよね。本も買ってくれないんだよ」って、内田先生がよく嘆いていらっしゃいます。

祥平　その娘も内田先生に対して全然リスペクトとかはなくて、「なんか胡散臭いオッサンだよ」みたいなヒドいことをこと言ってて。「いやいやいや、それはないでしょ」って、こっちが(笑)。で、「そんなに先生に興味があるなら女学院に来ればいいのに。大学院の方なら男性も入れるよ」って聞いて、「ちょっと連絡してくれない」ってお願いして。

――そうして、内田先生の社会人ゼミに通うようになったんですね。

祥平　内田先生の社会人ゼミの3期生です。「黄金期」と言われている1期生や2期生じゃないんですけど、4年間、神戸女学院に通ったっていうのが自慢なんです。その間ずっと、入口の守衛のおじさんに止められて(笑)。いい加減覚えてほしいなって思ってたんですけど。

――その一連の話は、内田先生はご存知だったんですか。

祥平　内田先生のゼミ生って、先生のお家に集まるじゃないですか。ある時、「砂田くんの話が出たよ。キミ、そういうことだったんだね」って先生に言われて。

一同　(爆笑)

――何も悪いことはしてないんですけど、なんか気まずい(笑)。

祥平　凱風館で合気道のお稽古をしている時に、ちょうどその娘が2階にいたことがあって。内田先生が「今、上にいるけど」って言われたんですが、「いや、いいですいいです。帰ります」って(笑)。

――沙紀さんはさっき、「私はヤンキーに近いかなぁ」っておっしゃっていましたけど、ご出

身は姫路なんですね。

沙紀　香寺町《こうでらちょう》という、姫路の北の方で。元々は神崎郡だったところなんですけど、本当に田舎で。姫路には「浴衣祭り」という大きなお祭りがあるんですけど、高校生にもなってるのに、学校の帰りに「あのお祭りには行かないでください」ってアナウンスされるんです。「ヤンキーが年に一度集まって、お互いの力を競い合うような場所なので、巻き込まれないようにしてください」って。駅に機動隊とかが集結しているのも、そんなに珍しいことじゃなくて。「あぁ、こういう人たちいるよね」って、そんなに不自然な存在じゃないです、私にとっては（笑）。

——沙紀さんと同世代で地元に残っている人たちは、もう結婚して子どもがいるの？

沙紀　地元の姫路にいる同級生だと、結婚して子供がいる方が多数派です。でも都会に出て大手企業などで働いている人は、未婚の人が多いです。「結婚したいとは思うけど、良い人がいない」って。20歳代で結婚して出産も経験している層と、大手企業とかで勤めている層とが、きれいに分かれていると感じます。私はそのどちらでもないパターンだと言われると、そうかもしれません。

——ご結婚されたのも、年齢的にそんなに早いわけではないですしね。

沙紀　私が28歳で、祥平さんが31歳の時。特に早いわけではないですね。

——とはいえ、結婚6周年でこの春には三人目だから、子作りは結構なハイペースですね。

沙紀　一人目の出産の2年半後に二人目を出産して、三人目も同じ間隔になりました。これってハイペースなのかな？

――これから学費が大変だとか、あまり考えないですか。

沙紀　結婚した時点で、もう既に大変でしたから（笑）。この先もっと大変だろうな、とは思います。でも「二人目をいつ授かって、この時期に産んだら上の子とは何歳差になって、そうなるとこの時期にどれくらい費用がかかって」というように、家族計画を立てること自体には抵抗がありました。

不妊治療をしている方や、不妊治療に携わる方が私の周りにはたくさんいらっしゃって、そんな方のお話を聞く機会も、人より多かったので。「子供を授かった」と知らせていただくとともに、「実は不妊治療をしていました」と打ち明けていただいた方もいます。そのおかげで、「いざ子供が欲しいと思った時にすぐに授かれるわけではなくて、そうではない場合もある」ということは、常に頭にありました。だからこそ、子供を授かるということについては、「自分たちが計画するもの」というより、「委《ゆだ》ねるもの」だという感覚があります。

――三人目のお子さんは男女どちらか、分かっているんですか。

沙紀　次は男の子です。

――女・男・男ですね。もう長女さんは、弟さんの面倒を見てくれたりするのでは。

沙紀　面倒を見てくれたり、一緒に遊んでくれたり。微笑ましいなあ……と思って見ていたら、次の瞬間には張り倒していたり。お姉ちゃんとはいえ、まだ5歳ですから、いろいろあります。

彼女にとってはもうすぐ弟が一人から二人に増えるわけですけど、楽しみにしてくれている反面、不安もあると思います。

――最初に赤ちゃんが生まれた時っていうのは、どういう風に育てようとか、お二人で話し合いましたか。

沙紀「こういう子になってほしい」とか、「こういう風に育てたい」というのは、あまりなくて。結婚してから夫婦で凱風館にお世話になっていますが、凱風館の周りにはいろんな職業の方がいらっしゃって、自営業の方、サラリーマンの方、農林水産業に従事されている方、主婦の方、本当にさまざまです。そんないろんな人たちに囲まれて暮らすことは、子供にとってとても良い環境だと思っています。私の父は典型的なサラリーマンだったので、それ以外の職業について知る機会が私にはほとんどなかった。いろんな働き方があるんだ、というのを知っていれば、もっと選択肢が広がったんだろうなという思いもあります。私たち夫婦が、子供に対して道を示さなければ、という気持ちはあまりありません。そんなに優れた親でもないという自覚もあるので。多くの人が出入りする環境に身を置いて、いろんな人からさまざまなことを教わったり学んだりして欲しい、と思っています。

子供が生まれたら、名前は釈先生に名付けていただいて、内田先生に抱っこしていただいて、凱風館の方にも育児を手伝っていただいて。もちろん自分の子供ですけれど、凱風館というコミュニティの子供として、みんなに育ててもらっているという感覚が最初からあります。

――お子さんのお名前は?

沙紀　長女が文香《あやか》、長男が大慈《だいじ》です。

――大きいに慈《いつく》しむって、お坊さんになるようなお名前ですね。

沙紀　一人目の時は産まれてくるまで性別を訊かなかったんです。産まれてから女の子だと分かったので、「こういう感じの名前をお願いします」って釈先生にリクエストして、4つぐらい候補をいただいた中から決めたんですけど、二人目からはそんなこともしなくなって。祥平さんが、産まれた子どもの写真を釈先生に送って、「名前をお願いします」って(笑)。それでまた4つぐらい候補をいただいた中から決めました。三人目の子どもも、「2月に産まれるのでお願いします」って、もう釈先生にお願いしてあります。

――自分たちだけで子育てをするというよりは、凱風館が近いし、凱風館の周りの人の出入りもあるし。家庭や学校とは違うところに「場がある」という環境は、やはり大きいですよね。子育てに対して肩の荷を降ろすというか、楽になる部分がある。

お二人　それは本当に大きい。感謝しかないです。

沙紀　三人目を授かって、自分でも最初は驚きました(笑)。私自身は二人兄弟で、私の両親も二人兄弟なので、子供が三人というのはすぐにはイメージできませんでした。でも近くに凱風館があるし、内田先生もいらっしゃるし、もうお子さんが大きくなられて子育ても一段落していらっしゃる先輩お母さんとのつながりもあるので、みなさんに頼りながら育児しよう、と。まぁ誰かがなんとかしてくれるだろう、という感じですね。

――私は1960年生まれで、昭和の下町の路地で育った人間ですが、当時は路地が一つの小さなコミュニティとして機能していて、「路地に育てられた」という実感があります。私は男三人兄弟ですが、諸事情で親戚から預かっていた実質的な姉もいましたから、四人兄弟みたいなものです。隣近所もみんな似たような感じだったので、親たちも「路地のつながりの中で育てている」という実感があったはずです。

（ここで電話が鳴って、祥平さんが対応）

祥平　……今の電話は、凱風館で合気道のお稽古をされている近所の方でして、よくうちの子供の面倒を見てもらっているんです。この辺りは住宅街なので路地や長屋的ではないのですが、凱風館や海運堂がその役割を担っている、という実感はあります。合気道のお稽古の帰りにふらっと寄ってくれる方もいれば、子連れで合気道のお稽古に行こうとしてうちの前を通ったら、お子さんの方はここが大好きなのでこっちに来ちゃう……ということもよくあります。

沙紀「呼び鈴を鳴らさずに、気軽に上がってきてもらえる家になるには、どうすればいいのかな」と、模索してきた4年間でした。とにかく誘う。前を通ったら誘う。「遊ぶ？」とか、「お風呂入る?·」とか、「ご飯食べる?·」とか。うちの長女もベランダから向かいにある公園をよく見ていて、知っている子がいたら「おうちくるー?·」って叫びます。そうすると、大抵は来てくれます(笑)。

――ここが路地的・長屋的な場所であろうとする意義、それは凱風館の目指すところでもあります。凱風館にはセーフティネット的な意味合いがあって、だからこそこの海運堂もやっていけている。コミュニティの成員をゆるやかに包んで、それぞれの立場で、その時に出せるカードを切り合うという環境は、そのまま子育ての安心にもつながりますよね、きっと。

■「憲法カフェ」という新たな試み

――海運堂では新しく、「憲法の勉強の会」なども始められました。

沙紀　そうですね。「憲法カフェ」を、今年の1月に初めて開催しました。平和安全法制の審議成立の時、内田先生が大阪・梅田のヨドバシカメラの前でスピーチされたんですが(2015年7月、SEALDs《シールズ》 KANSAI《カンサイ》による安保法制反対の街頭宣伝時)、そこに私も子供を連れて聞きに行ったんです。それがそもそものきっかけでした。

　小さなお子さんがいる人は、きちんとした政治の勉強会に参加するのは相当ハードルが高い。子供を預けてまで勉強するのは大変、でも興味はある。ならば海運堂でご縁のある人たちと一緒に、私も政治の初心者として勉強できたら、と思って企画しました。託児機能を設けて、子供たちには1階で遊んでもらって、大人は2階で勉強しました。子育て中の保護者にとっては、勉強すること自体が息抜きにもなりますし、私のように仕事に従事していない保護者にとっても、政治を勉強することはそのまま、「自分も社会に参加している」という自己肯定感につながると思いました。

――こういう場で政治の勉強会というのは、とても新しい試みですよね。子育てというとすべてが子供目線で、「絵本があります、ワークショップがあります」みたいなのが普通で。子供を預かってもらいながら大人のための何かをやるというのは、面白いし新しい。しかも政治の話という。ちなみに今年の1月に初めて憲法カフェをやった時は、何人ぐらい集まりましたか。

沙紀　十人ぐらい集まっていただいて、正直ほっとしました。今年の1月、3月、5月とこれまでに3回開催したんですが、すごく面白かった。みんな政治について、ニュースを見たりツイッターを見たりして、「何か変やなぁ、間違った方向に行ったら困るなぁ」と思ってはいるけれど、勉強会に行くほどでもない。あるいは忙しくて行けない。でもやっぱり気になる。

初めて開催された時の憲法カフェの様子

「今の政治が、なんだかちょっと嫌なんです」という気持ちは共有している。

――その「嫌や」という感覚から、一歩先に進むヒントを与えられるわけですね。

沙紀　そうですね。でも、私自身も含めて語り慣れていないんです、政治について。そもそもそのような機会がない。政治や社会のことは、立ち話ができない世の中になっている。だから「ここはそういうことを話してもいい場所です」と設定するだけで、安心して口にできる。「ニュースを見てこう思いました、と言える場所があって良かった」というご意見もありました。政治や社会について意見交換する場としても機能しています。また、海運堂は憲法カフェを開催している、という前提ができたことで、さまざまな人が気軽にいろんなことを話してくれるようになりました。「こんなチラシ、渡してもいいのかな？」と言って、原発反対の催しのチラシを持ってきてくださる方もいたり。「ここなら受け取ってもらえるかな、と思って」という思いを聞かせていただいて、とても嬉しかったです。

――さっき「新しい」と言ったのですが、よくよく考えてみると、私が子供の頃は母親が「新日本婦人の会」[*注2]に入っていて、私が住んでいた路地の入口にあった整骨院が共産党の機関紙の『しんぶん赤旗』の配達所でもあったので、そこに集まってよく政治の勉強会などをしていました。

祥平　あ、僕の家もそうでした。

――父親は基本的には自民党の支持者だったので、母親のそうした活動をあまり快《こころよ》くは思っ

ていなかった。

祥平　うちの父親も、どちらかというと自民党の支持者でした。

――当時は今よりも政治がアツい時代だったことを差し引いても、夫婦で同じ政党を支持しないことに、別に違和感はなかった。夜な夜なお母さん連中が整骨院に集まって、そこで政治談義をして、子供は子供同士でお菓子を食べたり、トランプして遊んだり、勝手に遊んでるのが楽しかった。お母さん連中の話もなんとなくは入ってくるし。

沙紀　あぁ、その感じは一緒です。海運堂の憲法カフェも、自然にそんな感じになれば。内田先生も「海運堂で憲法カフェをします」という話をした時に、応援してくださいました。私が「改憲阻止の署名運動に行ってきました」とツイートしたら、「お疲れさまでした」ってわざわざコメントしていただいたり。内田先生をはじめ、凱風館の方々の存在が支えとなって、活動できている。素人なのでまだまだ手探りですが、それを良しとしてくれる人がたくさんいるという安心感もあり、ほんの少しですが活動できているのかな、と思います。

――そういう環境の中で、子供たちがどんな風に育っていくのかも楽しみですね。

「お迎えシェアリング」と「週末同居人」

――このインタビュー企画の発端にもなった三浦《みうら》展《あつし》さんの『第四の消費　つながりを生み出す

社会へ』（朝日新聞出版・2012年）という本では、家を買って車を買って、常に何かを買って所有するという消費スタイルから、「コミュニケーションやコミュニティの形成など、人とのつながりを目指すことがこれからの時代の消費の主流になっていく」ということが指摘されています。海運堂は「消費」とは目指しているところがちょっと違いますけど、そうした社会の流れには、完全に合致していますよね。

祥平　消費にはぜんぜん興味ないですもんね、沙紀さんは。

沙紀　うん。よく「何が欲しい？」とか聞かれますが、「子供の靴下に穴が空いてるから欲しいなあ」というぐらいです（笑）。そう、さっきの電話、よくお世話になっている凱風館の方だったんですが、先日息子が発熱していたことを知って「大丈夫？」って気にかけてくださって。そういう環境がとてもありがたくて、嬉しくて。でも欲しいと思って、すぐ手に入るものではないですよね。

お金はないですが、いざとなったら助けてくれる方が周りにたくさんいてくれることほど心強いものはない。そんなセーフティネットを維持するために、海運堂を運営しているところもあります。自分たち家族のために運営しているようなものです。

（ここで祥平さんは、保育園と幼稚園に子供のお迎えにお出かけ）

――送り迎えは、祥平さんの役割なんですか。

沙紀　今日はたまたま。普段は勤めているのでお迎えは無理ですが、朝の送りは祥平さんの役割です。助かっています。

――保育園と幼稚園は、ここからどれぐらい離れているんですか。

沙紀　自転車で10分ぐらいです。この界隈は坂が多いので、電動自転車で。

――よく「子供三人問題」ってお聞きするんですが、お子さんが三人になると、自転車で一度には送り迎えができなくなりますね。

沙紀　そうなんです！　前後に二人を乗せて、もう一人を抱っこして運転するのは危ない。転倒した時に、前後の子供はヘルメットを被っているのでまだ安心なんですが、抱っこしている子は守ろうにも守れない。実際に死亡事故もあります。うちの娘が通う公立の幼稚園では、三人、四人とお子さんがいらっしゃる方がわりと多いんですが、上の子は小学校、真ん中は幼稚園、下の子は生まれたばかりで、お母さん一人では全員の面倒がどうしても見られない。そんな時、幼稚園のお母さん同士が、「今日はこの子とこの子とこの子、私が連れて帰ります」って感じで、いい具合に分担していらっしゃいます。

――「お迎えシェアリング」ですか。良いですね、そういうの。

沙紀　私も見習おうと思います。これからもう一人生まれると、子供を迎えに行く時に自転車では行けないので。子供のペースで歩けば40～50分は掛かるので、往復では2時間弱。それもまあ、のんびりしていていいな……という気持ちもありますが、急がなければいけない時も出てきますから。隣近所の方に赤ちゃんを見てもらっている間に送り迎えに行きたいなぁ、と考えています。

――さっき祥平さんがお迎えに出る前に、「イトウさんの話もしたら」とおっしゃっていましたが、イトウさんって？

沙紀　祥平さんの同僚です。今26歳で、ご実家は姫路の方で。普段は姫路から三宮に通勤されているんですが、今年の2月頃からかな、金曜日になると祥平さんと一緒にここに帰って来るんです。金・土・日とうちに泊まって、月曜日に祥平さんと一緒に出社する。それがずっと続いています。だから今は、私と祥平さんと子供で週末過ごすということがほとんどなくなって、イトウさんと祥平さんが子供を遊びに連れて行ってくれたり、私も一緒にみんなで出かけたりしています。

――独身の方ですよね？

沙紀　独身です。最初は、どうして毎週うちに来るんだろう？と不思議に思っていたんですけど。平日はずっと仕事ですから、土・日ぐらいはゆっくり好きなことしたいだろうなって。でも祥平さんから聞いたんですけど、彼は元々ネットゲームやボードゲームが趣味で、うちに通う前は外に出かけることも少なかったそうで。でも子供は好きみたいで、本当によく遊んでくれるし、私より声かけや対応が上手なんです。感情に任せて怒ったり、ということが一切ない。「今の、イラっとしないんですか？」って訊くこともありますが、平気だそうで。とても穏やかな方です。だからうちの子も安心して、思いきり遊んでもらっているのかなって。

――「この人は今日、何をして遊んでくれるんだろう」という期待感もあるんでしょうね。

沙紀　そうそう。土曜の朝起きると、子供も1階にイトウさんがいることはよく分かっているので、喜んで起こしに行きます(笑)。土曜の朝は、イトウさんが子守りをしてくれている間に、私と祥平さんで家事をしています。ずっと一緒にいてくれるし、食事も一緒だし、お互いに慣れています。

――沙紀さんのご両親は、まだお元気ですよね。姫路だとそんなに遠くないし、お孫さんの顔をしょっちゅう見に来られるのでは？

沙紀　二人とも元気ですけど、自分たち夫婦の生活が優先ですね。父は専門学校を卒業してから自動車整備士として輸入車販売の会社に就職して、昨年度末で定年退職しました。毎日帰宅が夜の11時、12時というような生活を続けてきたこともあり、今は夫婦二人で頻繁に旅行をしたり、買い物をしたりして過ごしているみたいです。父は定年後、再雇用でまだ勤めていますし、母もパートを続けていることもあり、会うのは年に数回です。

――典型的な「第三の消費」の人たちですね。

沙紀　何年前かここに来た時に、炊飯器が2台あるのを見つけて不思議そうにしていました。食器が大量にあるのを見たり、掲示物を見て「人がよく集まるの？」と訊かれましたが、きちんと説明していません。きっと説明しても分からないだろうなあ、と思います。みんなでご飯食べたら楽だとか、そういうことを話しても通じる気がしないという予感があります。内田先生にお借りしている借金の残高の貼り紙を見ても、ぽかーんとしていました。

──「いくらかまとめてお返ししておけば」みたいなことも、ないんでしょうか。

沙紀　ないです。「これ、何のお金?」って訊かれても、こっちも「いやぁ、ちょっと……」としか(笑)。

──もう完全にソサエティが違う感じ?

沙紀　全然違いますね。元々、私も親と似た人間だったと思うのですが。たぶん祥平さんと出会って、凱風館と出合って、「いろんな方がいろんな方法で生活している、そしてみんなとても楽しそう!」という現実に初めて触れて、私にとってはすごく衝撃的なことでした。でも、それをきっかけに、どちら側の人の気持ちも分かるようになったんですよね。愚痴をこぼしながら、我慢しながら、身体を壊しながらも、一生懸命働いたお金で好きなものを買って、消費することを喜びにしている人たちがいることも分かるし、全然そうじゃない人たちもいるっていう、そのどちらも知ることができました。

──ご両親には「どうしてそんな、面倒くさいことをしてるの?」とか、一言で片付けられそうだったり。

沙紀　そうそう。最初、何回か説明したことはありますが、「たくさん人が来たら掃除は大変やし疲れるのに、なんでそんなことしてるの？」という反応でした。私の実家は、ほとんど人の出入りがありませんでしたから。

——ご兄弟はいらしゃるの？

沙紀　弟が一人います。横浜で会社員をしています。結婚はまだですね。私が「こっちで仕事を探して、うちの近くに住んだらええやん」と誘って、彼自身も関西に転職を考えていた時期もあったんですが、今の会社を辞めるのが惜しいみたいです。大学院を卒業して今の会社に就職したんですけど、自分なりに頑張って勉強して良い会社に就職したし、それを目標に頑張ってきたところがあるので、今の仕事を手放したくないという気持ちが強いようです。就職して1～2年は、会社の名刺を持って頑張って合コンに行ったりしていたようなんですけど……名刺を持って行ったらモテるっていうのを、信じていたんでしょうね。でも、必ずしもそうじゃないというのが分かったらしくて、合コンにもあまり顔を出さなくなったみたいで。会社にも女性が少ないみたいですから、出会いのチャンスは少ないようで。会う度に、「彼女は？」とか、「お見合いでもしたら？」って聞くんですが、「いやぁ、女の子はお金がかかるから」って。

——それはまた今どきっぽい理由で（笑）。

沙紀　お金は結構持っているんですけどね。十何万円のイスの写真が送られてきて、「イスを買うんやけど、どっちが良いと思う？」って意見を求められたり。こっちは「そんなん知らんわ！　座れたらええやん」って（笑）。仲は良いんですが、価値観が全然違いますね。

――面白いなぁ。弟さんは完全に都市型のライフスタイル。

沙紀　「おいしいご飯が食べられるレストランもいっぱいあるし、遊ぶところもあるし、全然不便はしてないからこれでいい」って納得して生活しているみたいです。

――そうして機嫌良くやっていても、どこかのタイミングでガクッと、自分がネットワークの「ここにいる」というのが見えなくなった時に、辛いとか寂しいとか思う時があるんでしょうね。

沙紀　それを心配しています。余計なお世話なのかな。

――まぁ、でも考え方が変わるタイミングがきっとありますよ。弟さんがこっちに帰って来て、イトウさんみたいな役割をしだしたら、全然違う人生が開けるかもしれない。イトウさんにとっては、ここが素晴らしい癒しの場所になっているはずです。

沙紀　イトウさんみたいな人がやってくるとは、思ってもみませんでした。癒しの場になっているかどうかは分かりませんが……平日より休日の方が体力的にはしんどい、とは聞きました（笑）。

――沙紀さんが最初に祥平さんに声をかけたような感じが、今後、イトウさんにも起こるような気がします。内田先生の周りにいろんな人がいる中で、沙紀さんが祥平さんを選んだというのが、うまいつながり方をした一つのきっかけになっているのかな、と。

沙紀　内田先生をツイッターでフォローしていて海運堂のことを知った、という方も結構いらっしゃいます。海運堂は、凱風館の関係者ではない方にも、凱風館のコミュニティの恩恵をお裾分けできる場所だと思っています。

「ビジネス借金」で成り立つコミュニティとは

――すごく勝手なことを言いますが、凱風館のコミュニティの中で、海運堂は「子育てを主としたブランチ」というようなかたちでずっと続けることに価値があると思うので、「ちょっとだけ借金が残り続ける感じ」が良いのでは、と思います。内田先生にお借りしたお金を着々と返済し続けて、もう返し終わる……というタイミングで、改めて「改装したいので、ちょっと追加で借りれませんか？」なんて（笑）。

沙紀　本来、お金の貸し借りも人間関係で、「私はお金を貸してるから、あなたより上」ということでは、決してない。海運堂のお手柄は、「凱風館の中ではできないことの一部を担っている」というところにあるのですから。

沙紀　単純に夫婦でここを借りて、「自宅を開放しています、ぜひ来てね」というのでは、そんなに人は集まって来ないと思います。「あの人たちが借金していて、人集めが大変そうだから」ということで、内田先生の寺子屋ゼミの宴会もここで開いてくださっているし、来られる度に「はよ借金返しや」っておっしゃってくれる方もいます。借金があるから心配してもらっているというか、ちゃんと気にかけてもらっている、というところはあると思います。

——そんな言葉はないと思いますが、「ビジネス借金」というスタイルで。

沙紀　なんですか、それ（笑）。

——借金があるということを売りものにして、でもその借金は着々と返し続けてますよっていう頃合いのところをずっとキープするという、サステナブルな手法です。

沙紀　海運堂を始めて、4年間で50万円を返済しましたが、単純計算すればあと6、7年で完済できると思います。幸い内田先生は「返済はいつでもいいよ」とおっしゃってくださいましたが、確かに完済してしまえば、なんというか、寂しいですね。

——今まではこういう地域コミュニティの場は、比較的お金に余裕がある方が主宰・運営していたと思います。それとは逆に、海運堂は余裕がないから借金をしてこういう場所を作り、自分たちも子育てをしながら、出入りする方々と一緒にやりくりしていく、「支えあう感じ」がとても今っぽい。でも私からすると、その感じはなんだか懐かしい。

沙紀　余裕がないから、このような場を作らざるを得なかったのかな、と考えることはあります。三人目の出産を控えていますし、子供もどんどん大きくなるので、これから先、運営形態も変化していくとは思います。それに、また別の場所で同じような活動をしたいという思いもあります。

「自分はこんな活動が好きなんだ」ということが分かっただけでも、私にとって大きな財産です。４年間築いてきた海運堂のコミュニティを、無理のないかたちで、細く長く継続していきたいと思いますね。

（取材日時：２０１８年11月６日）

［海運堂］ ＨＰ http://www.kobe-kaiundo.jp/ Twitter @kobe_kaiundo

＊注１「釈 徹宗先生」……大阪府池田市にある浄土真宗本願寺派如来寺の住職。宗教学者でもあり、相愛大学人文学部教授。著書に、『死では終わらない物語について書こうと思う』（文芸春秋・２０１５年）、『宗教は人を救えるのか』（角川ＳＳＣ新書・２０１４年）など多数。内田先生との共著として『日本霊性論』（ＮＨＫ出版新書・２０１４年）や『聖地巡礼 ビギニング』（東京書籍・２０１３年）などがある。昨年末、供養する人のいない檀家のために、私財を投じて如来寺の合同墓を建立。その隣には、凱風館の合同墓が建立された。合同墓の設計は、ともに建築家の光嶋裕介氏が手がけた。

＊注２「新日本婦人の会」……略称「新婦人」。１９６２年に結成された、女性によって構成される社会運動団体。女性と子供の権利・生活の向上や反戦平和など、いのちと暮らしを守る運動を行う。２００３年、国連ＮＧＯに。２０１７年には、ニューヨークの国連本部で核兵器禁止条約を求めるスピーチを行った。

年齢別の未婚率の年次推移

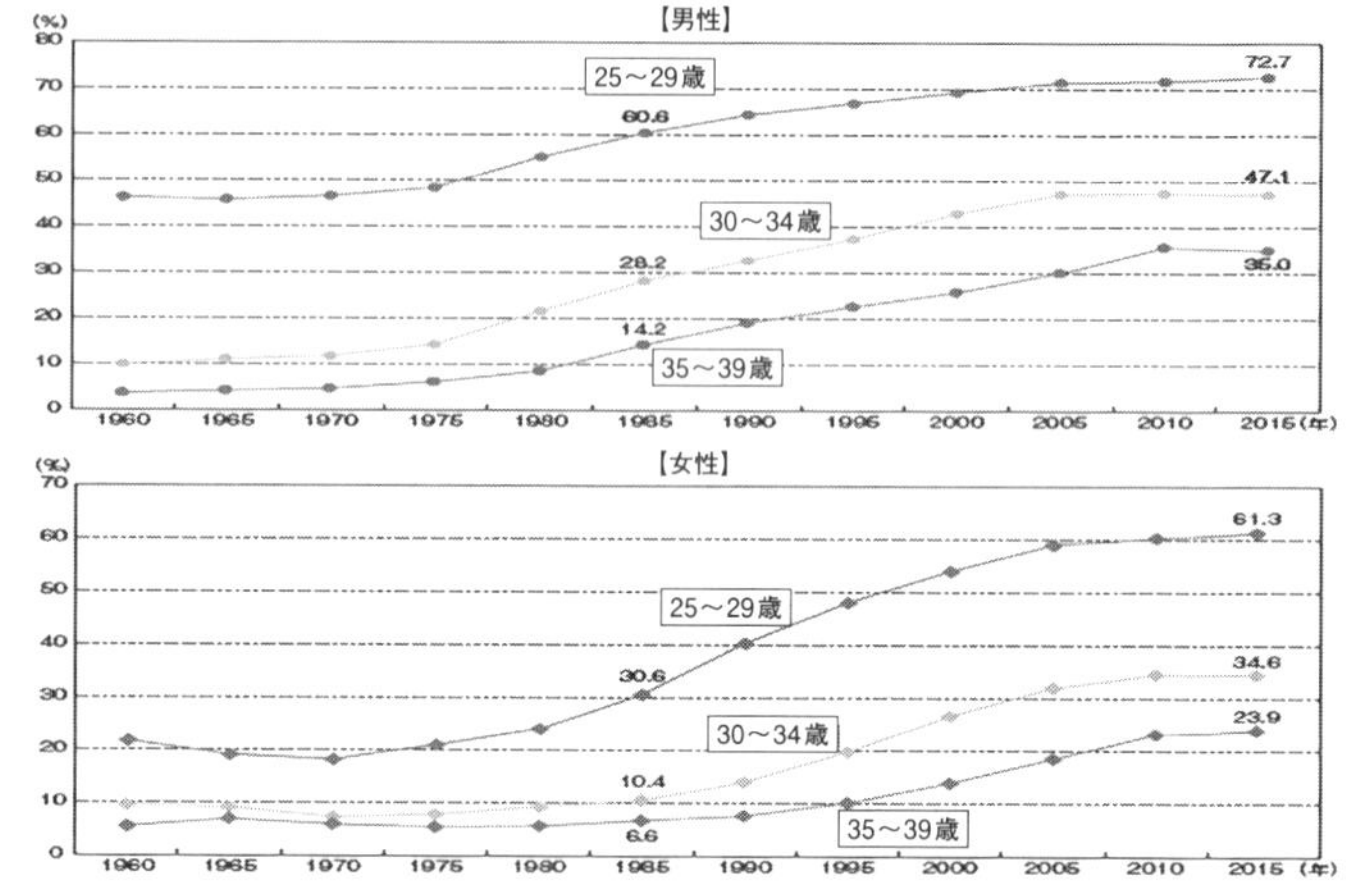

資料：総務省「国勢調査」

❶ 未婚・晩婚化と高齢出産の増加

最近は、「結婚適齢期」という言葉をすっかり耳にしなくなりました。その昔は、単に適齢期といえば「結婚適齢期」のことを指していたぐらいです。男性の結婚適齢期は30代の前後、女性はその3〜5歳下とされ、「26歳になったら売れ残り」なんて、クリスマスケーキにも例えられていました。しかし、そもそも結婚適齢期というのは、その国の社会状況や時代によって変わるのが当たり前です。そう考えると、現在の結婚適齢期は、何歳ぐらいになるのでしょうか。

上のグラフからは、1975年を一つの境目に、男女ともに未婚率が右肩上がりのカーブを描いていることがハッキリと読み取れます。'75年当時だと、20代後半の男性の未婚率が概ね50%、30代前半でガクンと下がって約15%、30代後半になると10%を切って、9割以上の男性は結婚しています。当時、「30代前後が適齢期」と言われた状況と一致しますね。これが2015年になると、20代後半の男性の未婚率は約73%、

平均初婚年齢と母の平均出産年齢（出生順位別）の年次推移

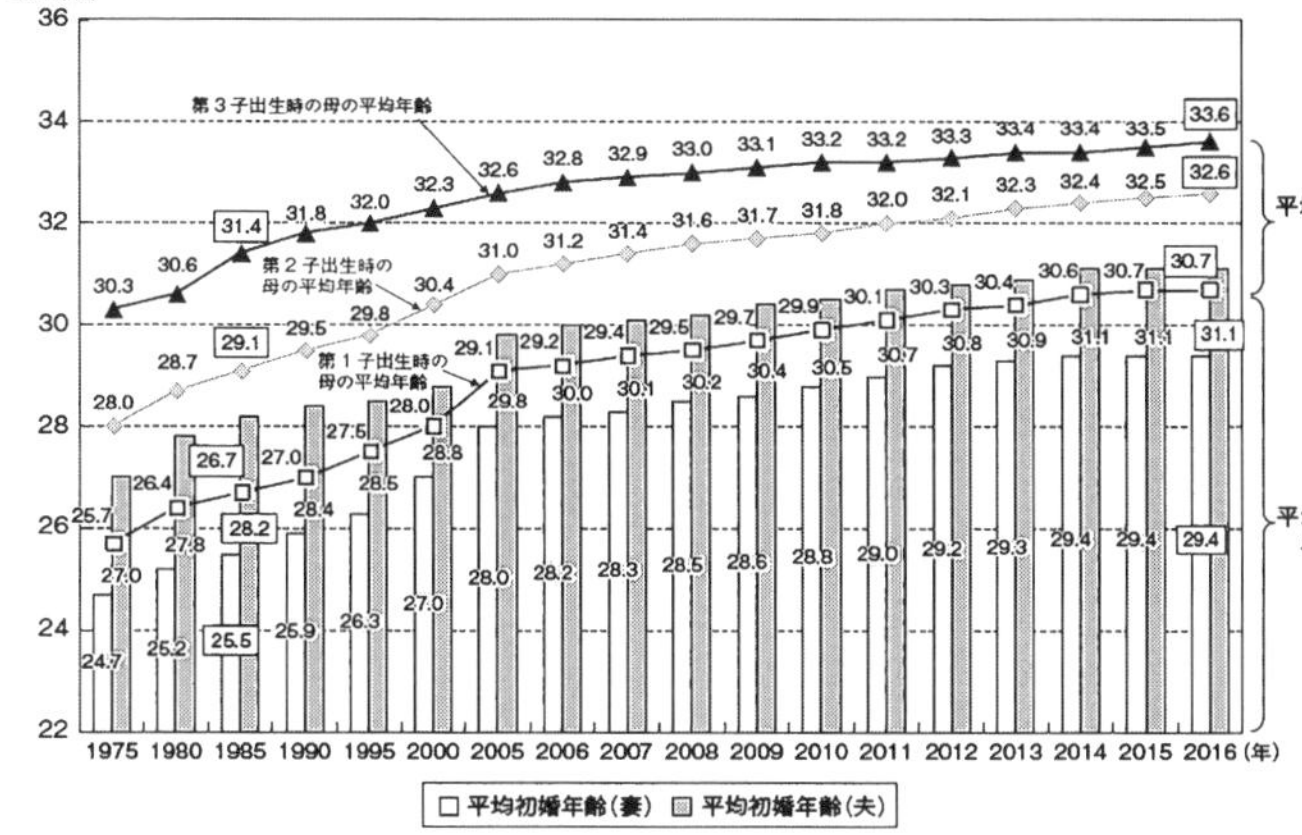

資料：厚生労働省「人口動態統計」

30代前半で約47％、30台後半になると35％、つまり「30代男性の三人に一人は未婚」ということになります。一方、女性の側を見ると、2015年の20代後半の未婚率は約61％、30代前半で約35％、30台後半で約24％と、やはり未婚・晩婚化は確実に進んでいます。こうなるともはや「結婚適齢期」という表現は無効に等しく、耳にしなくなったのも当然といえるでしょう。

女性の平均出産年齢も、高齢化の道を辿っています。上のグラフは、子を持つ女性の平均初婚年齢と平均出生児年齢をまとめたものですが、1980年時点での女性の第一子の出産年齢は、およそ26歳。これが2011年に30歳を超えて、2016年の段階で31歳に漸近。

こうした流れを受けて、「初産婦で30歳」とされていた高齢出産の定義は、1991年頃からは「35歳」に引き上げられています。

「少子化の原因」とされる未婚・晩婚化ですが、これらの数字を見る限りにおいては、その傾向に歯止めが効かなくなっていることは確かなようです。

すれ違いながら、手探りで。「見守られながら」の子育て

東沢圭剛さん
岡山亜里咲さん

続いてお話をお聞きしたのは、内田先生との出会いと合気道を通じて人生そのものが大きく変わったという、東沢《とうざわ》圭剛《けいご》さんと岡山亜里咲《おかやまありさ》さんのご夫妻です。2015年に長男の多恕《たゆ》くんが生まれて、現在は凱風館から歩いて10分程度の場所にあるマンションに、ご家族三人でお住まいです。岡山さんは凱風館の書生（そういう古風な制度があるのです）でもあり、親子で凱風館に頻繁に出入りされています。

妻　岡山亜里咲さん
1989年、香川県高松市生まれ。幼少期にお父さんの仕事の関係で、明石、高松、東大阪、広島と引っ越しを繰り返す。神戸女学院大学文学部卒。神戸女学院大学合気道部第19代主将。卒業後、神戸の自立支援施設で住み込みで働く。2014年より凱風館に書生として勤務。公益財団法人合気会四段。合気道凱風館助教。

夫　東沢圭剛さん
1982年、兵庫県西宮市生まれ。関西学院大学商学部卒。現在は電機メーカーに勤務。公益財団法人合気会四段。合気道凱風館助教。東京の武蔵野・三鷹などを稽古場とする［合気道青楓会］を主宰している。

リア充ではなかった二人を結んだ合気道

――岡山さんはかつて神戸女学院大学合気道部の主将も務め、今は凱風館に書生としてお勤めされているから、内田先生の生え抜きのお弟子さんですよね。合気道そのものも、東沢さんより先輩になるのですか？

東沢圭剛さん（以下、敬称略） いや、僕の方が先輩なんですよ。彼女が合気道を始めたのは神戸女学院に入学して、合気道部に入ってからなので……。

岡山亜里咲さん（以下、敬称略） 私が合気道を始めたのは神戸女学院の2年生からです。彼とは7歳離れているので、私が大学生の時は圭剛さんはもう大学を卒業して働いていました。

東沢 私は大学の3年生の時にまだ80単位ぐらいしかなかったぐらいで、もう大学時代は引きこもりで、なんにもやってなかったんですよ。そんな時に、雑誌『ミーツ・リージョナル』の内田先生の連載を読んで、「ここに、今の自分に必要な何かがありそうだ」と。それが転機でしたね。２００６年の4月に合気道の稽古を見学させていただいて、その日に入門を申し出ました。

大学を卒業してからも、どこにも就職が決まらなくて。最初は役所関係の職場で事務職の派遣として1年働いて、その後にベンチャー企業みたいなところで1年ぐらい働いて。更にその後、コンピューター関係の会社の契約社員になりました。

――大学の3年や4年の時に、就職活動を積極的にしたわけではない、と。

東沢　全然していませんでした。そもそも単位が足りなかったので、就職戦線の土俵に上がることすらできなかった。3年生なのに1年生に混じって、前の方で講義を聞いてましたから。でも内田先生と出会って合気道を始めてから、はっきりと人生が変わったと思っています。合気道と出合ったことで、自分に何かが揺り動かされて、ここまで来ることができた。今の会社に就職できたのも、東京で自分の道場を開いたのも、もちろん結婚もそうですし、子供も然り。全て内田先生と出会えたおかげです。

岡山　私も一緒。あまり大学生活を謳歌できなかった人種なんです（笑）。実は合気道も、学生時代はそんなに好きではなかったし。

――内田先生が聞いたら悲しむでしょうね（笑）。

岡山　大学1年生の時に選択した第2外国語のフランス語の先生が内田先生だったんです。結果として先生が受け持った最後のフランス語の授業を受講できたので、今から思えばラッキーでした。当時はあまり意識していなかったのですが、今になって振り返ると内田先生との出会いはもう少し前にあって。高校生の頃、お世話になった先生に神戸女学院に進学が決まったことを伝えると、「内田先生という方がいらっしゃるから」と教えてくださって。それだけなんですけど、なんだか導かれるようにして内田先生に出会ったのかなぁと。

合気道を始めたのは、神戸女学院の2年生の10月でした。ゼミの先生だった難波江《なばえ》和英《かずひで》先生から「合気道してみたら？」と言われたことと、ゼミの先輩で当時の合気道部の主将だった崎山由佳子《さきやまゆかこ》さんに誘われたことがきっかけでした。

――凱風館の書生2号であり、いろんな意味で伝説の人物でもある、崎山由佳子さんですね。崎山さんのところは、確か妹さんも神戸女学院で。

岡山　そう、女学院の合気道部。崎山由佳子さん、私、崎山さんの妹の加奈子さんという順で部長を引き継いでいきました。私の時は、合気道部には同年の新入部員がいなかったので、もう「金の卵だ！」って大歓迎されて、あれよあれよと入部してしまいました。

元々なんとなく武道はやってみたかったんですけど、そうやって誘われて合気道部に入部して、同じ学年に部員が私一人しかいなかったから半年で主将になってしまって……。受け身もちゃんと取れないのに、受けを取らないといけないから、もうとにかくお稽古が嫌で嫌で（笑）。

でも合気道部の部員だけじゃなくて、体育館で一般の方ともお稽古する時間があったので、学校以外でもっと広い世界を見せてもらえたっていうのはあります。続けていくうちに、合気道に馴染んでいった感じです。

――ゼミの先生は、難波江先生だったんですね。

岡山　難波江先生はご専門が英米文学なので、ゼミでは文献を読んで批評したり。

――卒論のテーマは？

岡山　「非行少年について」でした。

——それはまた意外な……。

東沢　こんな風に見えて、彼女にもやさぐれていた時期があったみたいなんですよ。引っ越しも多かったので。

岡山　東大阪にいた頃ですね。小学校と中学校のややこしい時期に、東大阪の長田に住んでいて……。

——ガッツリと河内の文化圏ですね。

岡山　私の父は銀行員で、私が中3の夏休みに広島に転勤になったんですけど、その当時、あまりに私がグレていたから更生させたいって思いもあったみたいで(笑)。

東沢　へぇ〜。それ、初めて知った。

——本名も「亜里咲」って、ちょっとレディース感があってそれっぽいし、長田の界隈では結構な地位まで上り詰めていた、と。

お二人　地位って(爆笑)。

——亜里咲さんのその当時の詳しい話は、東沢さんは全然知らないんですよね。

東沢　全然知りません。本人が言ってくれないと、情報として入って来ませんし。

——で引っ越して、広島に行ったら大人しくなった?

岡山　東大阪で「染まっていた部分」というのは、抜けざるをえなかったですね。高校は広島国際学院という、かつて矢沢永吉さんとかも通っていた高校に入学したんですけど、東大阪とは全然違っていた(笑)。

――神戸女学院に進学しようと思ったきっかけは?

岡山　とにかく実家を離れたかったんです。関西からも出たかったので、第1志望は横浜市立大学だったんですけど、落ちてしまって。結局、親に言われて受験した神戸女学院しか受からなくって……。女学院には入学式で初めて行きました。で、女学院に入って合気道を始めて、そのまま今は凱風館の書生をやっていますから、全ての始まりは女学院で合気道部に入ったところからですね。

――お二人が出会った頃はどんな感じでしたか?

東沢　私は社会人として、彼女は女学院の合気道部の主将として、最初はたまに顔を合わせる程度でした。合気道部では主将が合宿のしおりを作成することになっていて、「門人のみなさんにアンケートをとりたいので、何かいい仕組みはないですか?」って彼女から相談があって。それをきっかけに、少しずつ話すようになりました。それから程なくして、私は東京に転勤することになるのですがちょっと入院したことがあって。その時に彼女が心配してくれたことが、今に至るきっかけだったのかもしれません。

――大学生活をあまり謳歌できなかったというお二人が、合気道を始めてからいろんなことが回り出して、出会って結婚して、お子さんを授かって。一般的には、神戸女学院だったり

関西学院というと、大学生活を目一杯謳歌していそうな感じなのに、そうじゃなかった同士が一緒になって、なんとなくかたちになって……という自然さがいいですね。

出産に対する「すれ違い」を乗り越えて

――お二人が結婚した当時の記憶を遡ってみると、東沢さんに「子供は？」って何気に聞いた時に、確か「僕はまだそんな気はないんですけど、嫁は欲しがっているので」というような話をしていた記憶があります。

東沢　そうだったと思います。

岡山　へぇ～。そんな話をしていたんだ。

――その気持ちが、お二人の間で逆転した時期があったんですよね。

東沢　多田 宏先生主宰[*注1]のイタリアの講習会に彼女が一人で行って、そこで合気道のスイッチが入ったというか。

岡山　イタリアで2週間、多田先生のお側でお世話をさせていただいたり、お稽古以外でも多くのことを学ばせていただきました。

東沢　それから東京に出稽古に行くようにもなって、合気道にかなり集中して、面白くなって来た時期だったんですよね。

岡山　凱風館の書生になった年の夏に、初めてイタリアに行きました。書生になって1年ぐらい経って、合気道の深みにハマり始めていた時に、イタリアで2週間丸々、合気道しか考えられない生活をしたので。

――2週間って結構長いですね。東沢さんは機嫌良く「いってらっしゃい」って感じだったんでしょうか？

東沢　いやいや、実はその時、結構揉めまして……。当時、旅行代理店が申込み客からの入金受付後にチケットを発券しないまま倒産したって事件があって。ちょうどそれに彼女が引っかかって、イタリア行きのチケットがなくなっちゃったんですよね。

――多田塾のイタリアの講習会というのは、参加者それぞれが個人で現地まで行くのですか。

東沢　そうです。現地集合で。

岡山　凱風館の書生1号の永山春菜さんも同じ旅行代理店で申し込んでいたので、一緒にダメになってしまって。

――それはきついですね。

東沢　それでもどうしても行きたいからって、永山さんのご主人の光嶋さんにお金をお借りしてイタリアに行くことにしていたようで。その一連の話について、僕は全然相談されていなくて。で話を聞いて、さすがにそれは……となりまして。

ちょうど僕が東京に出張に行っている時で、彼女からの電話に出れられなくて。事後的にそのお金のやり取りの話を聞いたので、彼女との間でちょっと揉めまして。彼女はそのままイタリアに行っちゃったので、それから2週間、離れ離れになってしまいました。

――それは結婚してから、どれぐらいの時期のことでしょう。

東沢　2年目ぐらいですね。

岡山　2014年から2年続けて、イタリアに行きました。

――2014年に最初にイタリアに行った時に、そのトラブルがあったんですね。

岡山　はい。その時は内田先生や凱風館のみなさんが旅費の足しにと、カンパをしてくださいました。みなさま、その節はありがとうございました。それで、2年続けてイタリアに行って、毎月東京へ出稽古もしていた時期で、寝ても覚めても合気道な日々だったので、もはや出産なんて考えることができなくなっていました（笑）。

東沢　一つのことにハマると、もうそればっかりになるんですよ。

――お子さんができたのは2016年、結婚して2年半ぐらいだからそう遅くはないですよね。

岡山　そうですね……。でも実は、最初お腹に子供ができたって分かった時には、素直に喜べなくて。

――えー、そうだったんですか。

岡山　当時はそれぐらい、合気道のことしか考えられなかったんです。「今、私は合気道家として、またとないチャンスをいただいている。そのチャンスを逃すなんて」って。それで自分で調べて、できるだけ家から遠い産婦人科に行って、ほんとに妊娠しているかどうかを確認して。そこから、どうしようって悩んで悩んで……。

――子供ができたと分かった時、すぐには東沢さんに言わなかったのですか。

岡山　言わなかったです。彼には言わずに一人で産婦人科に行って、1～2週間悩んでいました。そして、「やっぱり今は、産みたいとは思えない」って結論を出してから、ようやく彼に話しました。

東沢　もう、こんな感じで言われましたね。

――東沢さんからしたら「えぇ～！」みたいな。

東沢　なにしろずっと、「子供が欲しい」と言っていたので……。とにかく驚きました。

岡山　その時、彼は「なに考えてんだ！」みたいに怒るとかじゃなくて、「とにかく堕ろすのだけはやめなさい」って、じっくりと諭《さと》されたんです。

東沢　私はミッション系の高校に通っていて、「聖書」という必須受講のクラスがあったんですけど、中絶に対して絶対反対という考えの先生がいらっしゃって。そこで、中絶に関するもの凄く生々しい映像を見せられたんです。だから「合気道を続けたいとか夢みたいなこと言ってるけど、それが意味するのは、一つの命を切り刻むってことなんやで」って、そんな言い方をしましたね。

――そんなにガチな映像で教育されたんですか。

東沢　中絶手術のリアルな状況を、エコー動画で見せられたんですよ。その印象がとにかく強烈で。高校を卒業する時に論文を書かないといけないんですけど、人工中絶とかの統計を熱心に調べてレポートしたぐらいに、「中絶は絶対ダメ」と強く刷り込まれていましたから。

――ある意味、トラウマを乗り越えるための論文だったのですね。

岡山　彼のそんな説得もあって、中絶がダメというのは、ひとまず分かった。でもまだ産むのには、抵抗がありました。そうしてしばらく葛藤していた時に、彼が「産むだけ産んでくれたら、育てるのはもう自分がやるから」みたいなことまで言ってくれて。

東沢　あ。それ、覚えてないです……。

――そんな大事な話を、なぜ忘れている（笑）。

岡山　言ったよ、絶対に（笑）。

――まぁそれは、東沢さんとしては「とにかく産んでほしい」という気持ちから、岡山さんを説得するために出た言葉なんでしょう。で、やっと岡山さんも納得して、「産みましょう」となって、ご両親や内田先生にもお話しして「良かったね」と。でも周りのみなさんは、そんな当時のお二人の葛藤とかは全然知らないんじゃないですか。

東沢　そこはあくまで、二人の間の話なので。

岡山　ただ、どうしようかなと思った時に、こういう不測の事態にどう対処するかっていうのを合気道で学んでいるんだな、というのは感じました。なので産むと決まったら、「受け止めよう」となりました。

——決心したら、あとはもう自然な流れで。どれぐらいの大きさで生まれてきたのでしょう。

岡山　３０５０グラムでした。

——出産の前に、男の子だというのは分かっていたのですか？

東沢　なるべく訊かないようにはしていましたけど、「なんとなく男やな」ってのはあったよね。

岡山　助産所で産んだのですが、産まれるまで性別は訊かずに、自然に任せようと思っていて。でも、定期検診で病院に行かないといけなかったんですけど、先生に「性別は訊かないでいます」って言ってたのに、エコーを見せていただいた時に「今の見えた？」と言われて……、それって男の子ってこと？って。

——その時の先生が、いささか気遣いに欠けていた（笑）。

東沢　自然分娩だったので、僕も立ち会って見ていたんですけど、卵膜が破れないかたちで出て来て、爪楊枝みたいなものでピンッて破って、凄いなあって。

——それをずっと、見守っていたのですね。

東沢　見ていました。貴重な経験です。

——父親は出産に立ち会うことで、その後の子育てに対する取り組み方が根本的に変わる部

分ってあるのかも。私も最初の子の時は出産に立ち会いましたけど、子供が産まれる瞬間を見ているのと見ていない差は、結構大きいのかもしれません。

東沢　大きいと思います、きっと。

岡山　感動しますよね。産んでしまったら、「もう私って、何を悩んでいたんだろう？」ってなりました。

――良かったです。お話を聞いていて、一時はどうなることかと（笑）。今ここにちゃーんと多恕くんがいることが、すごくかけがえのないことのように思えます。ほんとに。

「育てられ方」から生まれた、子育てのポリシー

――いろいろありましたが、無事に多恕くんが生まれました。珍しいお名前ですが、お二人で相談して名付けたのですか。

東沢　名前はもう、彼女が決めていました。まだお腹にいる時から「たゆ」って呼んでいたので、他に余地はなかったですね。でも漢字だけは僕が決めさせてくれって。

岡山　大学時代に出会った憧れの先輩に、「たゆこ」というお名前の方がいらっしゃって。小柄な方なんですけど、小さな身体でひょいひょいといろんな国を越えて活動されているんです。夢は「冒険家になること」と語っていた姿が格好良くて。神戸女学院に入って華美な人々

に囲まれていた中で、彼女はシンプルな身なりで、それゆえに内面の美しさが際立っていたんです。在学中にラオスに留学したり、独立後の東ティモールで活動したり。卒業後はNGOのスタッフとして、インドネシアの島々で活動されて、今はティモール島で暮らしていらっしゃいます。

そんな彼女のように、決められた道を歩むのではなく、自分の感覚を信じて、「揺蕩《たゆた》うように生きてほしい」という願いを込めて、「たゆ」にしようと。私自身はかなり過保護に育てられてきたので、子供はもっと自由におおらかに育てたいという想いがありました。

――揺蕩うように、自由におおらかに……良いお名前ですよね。漢字はどのように充てたのでしょうか。

東沢　東沢家は、兄弟の名前がみんな十六画なんですよ。僕の圭剛も、兄も妹も。母親が十六画って決めていましたので。

――東沢の姓と組み合わせた時に、十六画が良いということで？

東沢　母親がそう言っていました。で、十六画で良い漢字がないかと考えて。「恕」は「心の如し」で、優しさや思いやりを意味する良い言葉だし、「多」は合気道の多田 宏先生にもつながるし。中国出身の同僚に、中国語で「多恕」というのはかなり良い言葉のようで、「素晴らしいお名前ですよ」と教えてもらいました。

――「多恕」ってお名前からは性別が分かりにくいし、今は髪を伸ばしているので、「女の子

かと思ったら、男の子だった」と言われることも多いでしょうね。

東沢　そういう部分も含めて、揺蕩うような感じです。

――岡山さんが神戸女学院に進学する時に家を離れて一人暮らしをしたかったっていうのは、過保護に育てられたということも関係しているのでしょうか。

岡山　そうですね。私の家はかなり過保護で、何かと厳しかったんです。特に私は長女だったので。大学時代が転機になって、一人にはなったけど、やっぱり親から離れられないっていうのがあって。社会人になってもどこか離れられない部分というのがあったんです。親から離れたいというのもあったので、彼と結婚しました。

――今はご両親から、そんなに頻繁に連絡はないのですか。

岡山　子供が産まれるまではいろいろ言ってきてましたけど、子供が生まれたら、私よりもすっかり孫の方に意識が移りましたね(笑)。

――片や、東沢さんのご両親はそんなに厳しくはなかったのですか。

東沢　はい。わりと自由に、のびのびとやらせてもらっていました。

岡山　だから子育てについて、「礼儀作法と生死に関わること以外はあまり口出ししない」というポリシーは、二人で一致しています。

――岡山さんのお家がそんなに厳しかったのなら、最初に東沢さんをご両親に紹介した時に、「なぜこの人を選んだの?」みたいなことはなかったのでしょうか。

東沢　その辺りは……どうだったの?

岡山　それはなかったです(笑)。ちゃんとした、よく名前の知られている会社に勤めているから。

——やはり肩書きは大きかった。

岡山　ここだけの話……結構最近まで、両親の間では彼のことを、彼の勤め先の社名で「◎◎さん」って呼んでいて(笑)。

一同　(爆笑)

東沢　でも、まぁ、そういうものだよね。

岡山　今はもう、ちゃんと名前で呼んでいますよ(笑)。

——「大きな会社だから安心」というのは、ご両親にとっては一般的な感覚でしょうから。

ちょっとずつ、いろいろつながることの有り難さ

——多恕くんが生まれて、いざ「子育て」となった時に、お互いの役割分担については相談したのでしょうか。最初に「産む、産まない」の話があっただけに、岡山さんにはなんとなく、「これぐらいはしてくれるかな」というイメージは、ぼんやりあったと思いますが、実際は?

東沢　う〜ん、そこは正直、全然かも……。

――自分から全然って（笑）。

岡山　彼は勤務先が京都なので、通勤にも時間がかかりますし、子育てに関わる時間が限られるのは仕方がないとは思っていますけど……、ねぇ（笑）。

東沢　早い時は家を6時頃に出る時もありますし、遅くても7時半には出かけますから。

――それだと子供の送り迎えは無理だし、日常的に子供とべったりと関わるのは難しいですよね。

東沢　子供が生まれた時に配属されていた部署では、まだ仕事にも余裕がありましたし、ちゃんと定時で帰れていたんです。今の部署に異動になってから、ちょっと時間的な制約が増えました。

――大きな会社だから、男性の育児休暇も制度としてきちんと整備されていますよね。

東沢　そうですね。僕の場合は何カ月とか長期間休んだりはしなかったんですけど、5日間ほど休暇を取りました。出産休暇ですね。育児休暇は取っていません。

――育休を使うかどうかは昇進には関係ない、ということに表向きにはなっているのでしょうけど、実際にはやっぱり休みを取りにくかったりするのでしょうか。

東沢　どうなんでしょう。僕としては、子供ができて最初の1、2年は、結構定時に帰っていましたし、休暇もきちんと取りながら、余裕をもって働いていたんです。その分、子供と触れ合う時間もたくさん持てましたし、それなりに子育てに関与できたのかな、と。もちろん日常的なことは彼女に任せっきりでしたけど、子供と一緒に過ごした時間は今よりも長かったです。

でも、なんとなく自分の中で、子供や家族のためにもっと新しいことにチャレンジしないとダメなんじゃないかと思うようになって。むしろ、多少、家のことがおざなりになったとしても、新しいことにチャレンジした方が良いのではと考えて、去年の4月に社内公募制度に手を挙げて、今の部署に異動しました。子会社に転籍になることは分かっていたんですけど、一旦、肩書きなどを気にせずに、やりたいことをやろうって。

――忙しくなるのが分かっていながら、自ら手を挙げて異動したというわけですね。

東沢　そうなんですけど、異動して右も左も分からなくて、結構残業しまくりで。彼女にはかなり負担を掛けていて。というか、かなり不満が溜まっていると思うので……。

岡山　（笑）

東沢　年末にかなり大きな風邪をひいて、10日ぐらい寝込んでしまったので、そろそろ働き方を変えないとダメだとは思っています。

――いろんなストレスが一度に出たんですね。大企業には大企業なりのしんどさもあるでしょうから。

まぁでもサラリーマンをしているかぎりは、「子育てにベッタリと関わる」ということ以上に、キャリアアップして暮らしに余裕を持とうとすることも大切ですから。年末の風邪は、

ちょっと立ち止まって考えるいい機会になったのでは。

岡山　私は仕事が凱風館の書生なので、職場は近くだし、時間も融通が利きますから、ある程度はとうちゃん（圭剛さんに対する普段の愛称）の忙しさを受け止めることもできます。でも凱風館の書生も、事務仕事から合気道の指導、内田先生のスケジュールの把握など、実際にはやることがたくさんあります。今はずっと子供と過ごしているので、思うように仕事ができずにストレスを感じたりもするのですが、先生や他の書生の方の理解もあって、できる範囲で仕事をさせていただいてます。つくづく恵まれた環境にいるなぁと思います。

――お隣さんに子供を見てもらう、というお話もお聞きしましたが。

岡山　そうなんです。お隣のご夫婦はクロタニさんといって、このマンションの管理人さんなんですけど、もうお嬢さんが独立して働いていらっしゃるので、ご夫婦でのんびりと暮らしていらっしゃいます。多恕も懐いているので、もう孫のように可愛がってもらっています。

――クロタニさんご夫婦は、お幾つぐらいなのですか。

岡山　まだ60歳にはなられていないかと。

東沢　50歳代の後半ぐらいですかね。

岡山　ちょうど私たちの親世代です。お隣のご夫婦はこのマンションの管理人さんなので、最初に内覧に来た時に、いろいろとお話しをして。「今度、3階が空きますよ」っておっしゃって、「3階の見晴らしがどんな感じか、ぜひご覧になって」って、お家に上げてくださったんです。それで気に入って、ここに入居しました。

その頃、私はちょうど臨月だったので、「何かあったら、いろいろ声を掛けてね」とおっしゃっていただいて。とはいえ、なかなかこちらからは声を掛けにくいなぁと思っていたんですけど、ある日、産後2、3カ月でしんどかった時に、たまたま玄関先で奥様から「大丈夫?」と声を掛けていただき、「うちにお茶しにくる?」っておっしゃっていただいて。それから定期的に、子供を預かっていただくようになりました。

――お隣さんからしたら、自分たちの子供に近い世代のご夫婦が引っ越して来たので、「面倒みなきゃ」って感じなんでしょうね。

岡山　これも後から分かったんですが、お隣のお嬢さんも神戸女学院のご出身で、内田先生の引率でフランスに行かれたことがあったり、とうちゃんと同じ小学校だったり、共通点がたくさんあって。そのお嬢さんは、今はフランスのパリにお住まいなんです。お隣にはお孫さんがいらっしゃらないので、多恕を孫のように可愛がってくださって、多恕も「じいじ」、「ばあば」って懐いていて。

東沢　そのお隣のお嬢さんは、合気道の多田先生の旧友でいらっしゃる画家のド・ローラ節子さん(フランスの高名な画家、バルテュスのご夫人)の、お孫さんのベビーシッターをされていたんです。今でも長期の休みの時には、節子さんのお住まいであるスイスのグラン・シャレで過ごされたり、節子さんがパリにいらっしゃる際にはお会いになられたりと、交流が続いているそうです。だから、「微妙に多田先生ともつながってるね」って話をしていたんですけど。

岡山　ちょっとずつ、いろいろつながっていて。

――お隣さんにそういう方がいらっしゃるのは、楽になるというか、すごくありがたいですね。今後、世の中的にマッチングさえきちんとできれば、そういうケースが増えてくるのでしょう。そして何より、お二人とも合気道をやっていることもあって、上手に甘えることができたり、逆に受け入れることができたり、人間関係をうまく引き寄せる「体感」をお持ちのような気がします。

それぞれの中での距離の取り方、関わり方

――東沢さんは東京で合気道の道場を、ご自身で主宰されていますが。

東沢　２０１１年から12年にかけての2年間、転勤で東京にいました。その時、合気道は続けたかったので、最初はお稽古会みたいな感じで始めて。登録道場ではなかったんですけど、関西に戻ってからも意志を継続しようということで、今も続けています。

――道場は何というお名前で。

東沢　青楓会《せいふうかい》といいます。公益財団法人合気会の登録要件は四段以上なので、立ち上げた時

は登録道場にはできませんでしたが、僕が四段になってから1年ぐらいして、合気道青楓会として登録しました。上位組織は内田先生の主宰する凱風館になります。東京で、公立の体育館を借りてお稽古していますが、普段は代稽古というかたちで他の方に面倒を見てもらいながら、僕は月に1回は東京に行ってお稽古しています。

――そう考えると、合気道っていろんな意味で融通が利くというか、伸び縮みの余地がいろいろとありますね。

東沢　合気道が、というよりは内田先生のご方針です。僕のように早い段階で道場を運営するのは稀なことなんですけど、内田先生は「どんどんやるべきからだ」っておっしゃっていただいて。

――私が東沢さんと知り合ったのは東京に転勤される前で、佐藤友亮《さとうゆうすけ》さんたちと一緒に音楽活動をやろうということになった時に、佐藤さんに「メンバーとして、とても使える男がいる」と紹介してもらった。ところがその後すぐに、東沢さんの東京転勤が決まってしまって。東沢さんが転勤してから、「東京で道場を開く」という話を聞いた時には、わりと意外な印象でした。自分から積極的に何かを始めるようなタイプだとは、あまり思っていませんでしたから。私は東沢さんのことを、「なし崩し的に追い込まれなかったら、やらない。でも最後になんとか辻褄を合わせる」みたいなタイプだと思っていましたから。

岡山　合ってますよ、それで。完全にそういうタイプです（笑）。

――そこはまぁ、とても器用ですよね。

東沢　それが自分の中でのある種の悩みというか。器用貧乏なので、人からの話をあまり断らないというのもあって。

――その器用さは、子育てにも活きていますか。

東沢　合気道をやっていることもあって、何事もあまり慌てないところはあるのかも。

――子育てをしている中で、しんどいなぁと思うことってありますか。

岡山　やっぱり二人で子育てをしているといっても、長い時間過ごすのは母である私なので、子供の気持ちが全部、私に来るのがちょっとしんどいですね。

――基本、母乳で育てているのでしょうか。

岡山　はい。

――だと余計に、お母さんの役割が大きくなりますね。でも今、お話を伺っている間も、うまく交替で子供の面倒を見ている感じでしたが。

岡山　一緒にいる時は、大体こんな感じです。

東沢　ちょっと温度差があると思うのは、もちろん子供は可愛いし大切なんですけど、僕は「男だから」というのがあるかな、と思っていて。やっぱりこう、母親だからこその息子への愛があるし、父親から見たら同じ男としての可愛さと責任感もあるので。僕は可愛い反面、子供に「もっとシャキッとしろ」というのは、どこかであるんですよね。

岡山　そこですれ違うところが、たまにあります。

東沢　いわば自己投影みたいなところが、どうしてもあって。女の子ができたら、また変わるとは思うんですけど。女の子ができた時に、今の多恕みたいなかたちで愛せるかっていうのは分からない。その時になったら、彼女にも少しは僕の気持ちが分かってくれるのかもって……まあ逆も然りなんですけど。

――保育園や幼稚園はどうなりそうですか。

岡山　今、保育園の申込みをしていて、もうすぐ結果が分かるんです。近くの、自転車でちょっとぐらいのところにある保育園です。

（その後、無事に入園されました）

――この界隈の保育園事情はどうなんでしょうか？

岡山　待機児童はそれなりに多いですね。私学の保育園は多いんですけど、私学は定員が増えないので、順番待ちで。公立は年ごとに必ず何枠か空くので、そこなら入れるかなって感じで。今、申し込んでいるのは20人ぐらいまでの小規模の保育園で、2歳児までなんです。多恕はもう2歳だから1年しかいけないんですけど、大人数よりは少人数のところの方が、多恕には合っていそうな気がするので。

――保育園に行くことに対して、多恕くんはどんな感じ？

岡山　結構人見知りする、「東沢タイプ」です（笑）。

──お隣さんに預ける時は、そんなにぐずったりせずに機嫌は良いのでしょうか。

岡山　お隣さんに行く時は、もう自分から「行きたい」って。

──親との距離感とはまた違うものがあるということを、子供なりに分かっているんでしょうね。まぁそうやって徐々に、子供を社会に出していくと。岡山さんとしては、合気道や書生としての割合をもっと上げていきたいということですね。

岡山　はい。

──それも含めて、東沢さんがいろいろとフォローをしつつあるみたいな感じで。

東沢　そうですね。できてるかどうかは分からないですけど。基本的には、彼女がやりたいことに対してダメと言うことはないです。

──今は岡山さんが多恕くんを見ている時間が長いわけですけど、子育てで「もっとこうして欲しいなぁ」とかいうことってありますか。

岡山　うーん、考えたら一杯ある気がしますけど……でも、お互い様なのであまり期待しないようにしていますね。とうちゃんはご両親からも、「あれしといて」とか、「これだから、こうしないと」とか、あまり言われたことがなかったようだから、言われるのが嫌みたいで。ちょっぴり諦めてます。

──やんわりと諦めるように持って行ったんですよね、結果として。「東沢ワールド」みたいなのが、あるんですよ。それは彼の持ち味で、だから楽な部分もあるでしょう。そういうと

ころで、うまくいってるところもあると思います。

「連絡無精」と、噛み合わないヴァイブス

――二人目については、まだ全然?

東沢　彼女は欲しいと思っているようで……。

岡山　いや、今は欲しくないの。またズレが出てるよ（笑）。

東沢　え、そうなの?

岡山　二人目が欲しい、という時期もあったんです。海運堂の砂田さんのところに三人目のお子さんが生まれたり、妊婦さんを見る機会が多かった時に、「欲しいな」とは思ったけど、とうちゃんに「転籍して忙しくなっている時期だから、今はちょっと無理」って言われて、「はい」って（笑）。そうこうしているうちに、また二人目が欲しいって時期ではなくなって。

――なかなかお二人のヴァイブスが噛み合わない。

東沢　実は今、めっちゃどうしようかなと思っていて……。昨日も、病院にでも行こうかなと思っていたぐらいで……。

岡山　何、それ（苦笑）。

東沢　彼女は「子供が欲しい」って言ってるのに、僕はそうでもないから、付託するような……。

——病院っていうのは、自分を奮い立たせるための？

東沢　そんな病院があるのかなって。不妊治療とかはありますけど、子供をつくるって気持ちを奮い立たせてくれるようなところがあるのかなって……。

岡山　だから（笑）、今はがんばらなくって大丈夫だし。

——面白いですね、お二人の間のこのズレは。普段はそういう話はしないのでしょうか。

東沢　話していないことはないと思うんですけど、凱風館の周りの方からは、「大事なことを二人でちゃんと話し合っていない」とは、よく言われます。

岡山　肝心な時に、連絡を取り合わないとか。普通は東京に行ったりしたら、何時に帰るとか、連絡を取り合ったりするはずなんですけど、とうちゃんは全然そういうことをしないので。

——それは単純に、東沢さんが横着なだけでは。

岡山　そうだと思うんですけど……まぁ、そんな部分で心配もされるよね。

東沢　連絡無精なんですね……。

——それはぜひ改善してください。だってこれから子供が大きくなってきて、病気したり怪我したり、万が一何かあった時に、「連絡無精なんで」なんて通用しませんから。

東沢　母親や妹からも、「大丈夫なの？」ってよく心配されます。母親にもあまり連絡しないもので。

——京都に通勤しているから、「今から帰るよ」とか、「残業で遅くなる」とか、普通にメー

ルとかするのでは。

岡山　全然ありません。何か愚痴を言ったり、不穏な空気がある時は2、3日前にポロッと言うこともありますけど、基本は言わない。

東沢　連絡しづらいというか、会社の飲み会とかでも言えないいんですよ、なぜか。

岡山　そうそう。出かける時に何気なく「今日は ー ？」って聞くと、「今日は会社の飲み会で」とか、「今日から東京に出張で」とか。こっちから聞かれなかったら言ってこないよね（笑）。

――子育て以前に、「困難な夫婦コミュニケーション」であると。

東沢　申し訳なさがあって、うまく言い出せないんですよ。

――そこは、ちゃんと言わないことが一番申し訳ないはずで。まあでも別に、そんなことで岡山さんは怒らないでしょ。みんなに対してもそんな感じだし、東沢さんがそういう人間だということを分かって、一緒になったんですから。

東沢　つくづく、周りに恵まれていますよね、僕は……。

一同　（苦笑）

（取材日時：２０１9年1月19日）

＊注1　「多田　宏先生」……合気道多田塾主宰。合気道九段。イタリアの合気会を創設。内田先生の合気道の師匠。

妻の年齢別にみた、夫婦の子供を産む理由

（複数回答）

妻の年齢	（客体数）	子どもがいると生活が楽しく豊かになるから	結婚して子どもを持つことは自然なことだから	好きな人の子どもを持ちたいから	子どもは将来の社会の支えとなるから	子どもは夫婦関係を安定させるから	子どもは老後の支えになるから	夫や親など周囲が望むから	子どもを持つことで周囲から認められるから	その他
25歳未満	（70）	72.9％	41.4	57.1	8.6	25.7	25.7	14.3	4.3	7.1
25～34歳	（1,117）	77.5	43.2	48.6	18.7	20.3	21.2	18.0	5.1	7.5
35～44歳	（2,395）	79.4	48.2	35.3	21.6	19.9	19.5	13.1	5.0	5.8
45～49歳	（1,065）	77.5	56.1	30.6	22.1	19.4	17.2	9.7	6.2	6.0
総数（妻50歳未満）	（4,647）	78.4	48.7	37.7	20.8	20.0	19.5	13.5	5.3	6.3

注：対象は理想子ども数が１人以上と回答した初婚どうしの夫婦。不詳を含まない選択率。複数回答のため合計値は100％を超える。

資料：国立社会保障・人口問題研究所「第15回出生動向基本調査（2015年）」

子育ての課題を考える

❷「産む理由」と「産まない理由」

結婚しても子育てに束縛されず、自分たちのために好きなことをして生きる――夫婦共働きで子供を意識的に作らない、持たない夫婦の呼称であるＤＩＮＫｓ（Double Income No Kids）は、都市部では珍しくありません。子育てにかかる時間やお金を、自分たちがその時「したいこと」（主には旅行や趣味、贅沢な食事など）のために使うことで日々の生活を充実させるというライフスタイルは、１９８０年代のバブル期には「都会的な豊かさの象徴」と捉えられていました。それから幾星霜《いくせいそう》、当時ともに30歳だった夫婦も、今や70歳の古希を迎える頃。さまざまな老後の不安が押し寄せ、「果たしてＤＩＮＫｓが正解だったのか」が、問われる時期に来ているようではあります。

右上の表は「妻の年齢別にみた、夫婦の子供を産む理由」ですが、50歳未満までの全世代を通じて、７～８割が「子供がいると生活が楽しく豊かになるから」と答えています。続

妻の年齢別にみた、理想の子供数を持たない理由

（複数回答）

妻の年齢	（客体数）	理想の子ども数を持たない理由											
		経済的理由			年齢・身体的理由			育児負担	夫に関する理由			その他	
		子育てや教育にお金がかかりすぎるから	自分の仕事（勤めや家業）に差し支えるから	家が狭いから	高年齢で生むのはいやだから	欲しいけれどもできないから	健康上の理由から	これ以上、育児の心理的、肉体的負担に耐えられないから	夫の家事・育児への協力が得られないから	一番末の子が夫の定年退職までに成人してほしいから	夫が望まないから	子どもがのびのび育つ社会環境ではないから	自分や夫婦の生活を大切にしたいから
30歳未満	（51）	76.5%	17.6	17.6	5.9	5.9	5.9	15.7	11.8	2.0	7.8	3.9	9.8
30〜34歳	（133）	81.2	24.8	18.0	18.8	10.5	15.8	22.6	12.0	7.5	9.0	9.0	12.0
35〜39歳	（282）	64.9	20.2	15.2	35.5	19.1	16.0	24.5	8.5	6.0	9.9	7.4	8.9
40〜49歳	（787）	47.6	11.7	8.3	47.1	28.5	17.4	14.4	10.0	8.0	7.4	5.1	3.6
総数	（1,253）	56.3	15.2	11.3	39.8	23.5	16.4	17.6	10.0	7.3	8.1	6.0	5.9

注：対象は予定子ども数が理想子ども数を下回る初婚どうしの夫婦。理想・予定子ども数の差の理由不詳を含まない選択率。複数回答のため合計値は100%を超える。予定子ども数が理想子ども数を下回る夫婦の割合は、それらの不詳を除く30.3%である。

資料：国立社会保障・人口問題研究所「第15回出生動向基本調査（2015年）」

く「結婚して子供を持つことは自然なことだから」は、年齢が上がるごとに割合が高くなり、「好きな人の子供を持ちたいから」は逆に、若い世代ほど高くなっています。これは夫婦の愛情関係の「経年変化」を示している面もあるのでしょうが、子供が「夫婦関係を安定させる」や「老後の支えになる」と答えているのが若い世代ほど多いことから、「子育ての価値」というものに、若い世代がそろそろ気づきつつある……と見るのは、楽観的に過ぎるでしょうか。

一方で「二人目、三人目」となると、ハードルは一気に高くなるようです。「理想の子供数を持たない理由」をまとめた上の表では、「子育てや教育にお金がかかりすぎるから」という経済的な問題が断然トップ。続いて多いのが、「高年齢で産むのはいやだから」と「欲しいけれどもできないから」という辺りに、晩婚化と高齢出産の現状がストレートに反映されています。そして「これ以上、育児の心理的、肉体的負担に耐えられないから」という育児に関わる負担を要因としているのが続くことから も、現在の少子化への道筋が浮かび上がっていると言えそうです。

子育てという「今、この時」を充実させていく

佐藤友亮さん
飯田祐子さん
仁怜さん

佐藤《さとう》友亮《ゆうすけ》さんと飯田《いいだ》祐子《ゆうこ》さんのご夫妻は、ともに大学で教鞭を執られており、内田先生とも長きに渡ってお付き合いされているお二人です。凱風館周辺の「子育て夫婦」としては先輩格にあたり、門人のみなさんからも、なにかと頼りにされている存在です。芦屋にあるご自宅にお伺いして、10歳で小学校4年生の長女・仁怜《にれ》さんにも同席していただきました

夫　佐藤友亮さん

1971年、岩手県盛岡市生まれ。神戸松蔭女子学院大学准教授、内科医。1997年に岩手医科大学を卒業後、臨床研修医を経て2001年に大阪大学大学院医学系研究科に入学。大学院修了後も、同学で臨床と研究を継続。2012年より現職。大学院在学中の2002年に合気道の稽古を開始。合気道凱風館塾頭（会員代表）、神戸松蔭女子学院大学合気道部顧問。公益財団法人合気会四段。著書に『身体知性　医師が見つけた身体と感情の深いつながり』（朝日新聞出版・2017年）がある。

妻　飯田祐子さん

愛知県名古屋市生まれ。育ちは小牧市。名古屋大学人文学研究科教授。専門は日本近現代文学、日本文化論、ジェンダー批評など。名古屋大学・大学院を経て、1995年4月から2014年3月まで、神戸女学院大学文学部総合文化学科に勤務。2014年4月より現職。内田先生が始めた神戸女学院の合気道部で、1999年から合気道を始め、三段になったところで妊娠、出産。現在は芦屋～名古屋間の通勤もあるため、合気道はほぼ休止中。著書に『彼らの物語 ―日本近代文学とジェンダー―』（名古屋大学出版会・1998年）、『彼女たちの文学 ―語りにくさと読まれること―』（名古屋大学出版会・2016年）などがある。

職場近くの幼稚園から、自宅近くの小学校への変化が生んだもの

——お二人がご結婚されたのは、凱風館ができる少し前ですよね。

佐藤友亮さん（以下、敬称略） 飯田は内田先生とのお付き合いも20年を超えますし、凱風館のみなさんの中では私たちが最年長組のベテランチームです(笑)。

飯田祐子さん（以下、敬称略） そうですね。子供がもう10歳ですから。

——仁怜さんが3歳ぐらいの時でしたっけ、凱風館ができたのは。

佐藤 凱風館は2018年で8年目、仁怜が生まれたのは2008年なので、2歳ぐらいの時ですね。この家も仁怜が1歳の時から住んでいるので、もう10年目です。

——今、仁怜さんが通学している小学校は歩いて通えますけど、以前は佐藤さんが幼稚園まで車で送り迎えをしていたんですね。

佐藤 はい。位置関係で言うと、芦屋の家があって……あなたはここに来た時は、まだ神戸女学院だったよね？

飯田 女学院にいましたね。

佐藤 飯田は神戸女学院に通勤していて、私は当時、吹田の阪大病院が職場だったんです。ここに越して来たのは2009年ですが、私は2012年に現在の神戸松蔭女子学院大学（神戸市灘区）に移ったので、住吉にある凱風館のすぐ西が、新たな職場になりました。そして、

仁怜が芦屋の保育園に入れなかったこともあったので、私の職場の近くの幼稚園に通わせることにして、送り迎えをすることになったんです。

――保育園に入れなかったというのは、やっぱり定員で？

飯田　最初は私が子育ての経験をいろいろしたいと思っていて、週に2、3日の一時保育でスタートしたんですよ。地元の保育園で。

――女学院の授業がないときは、子供と一緒にいる時間にして。

飯田　ちょっと公園に行ったりして、「公園デビュー」とか。それで仁怜が2歳になる時に、もう毎日でもいいんじゃないかなと思って預けようとしたんですが、そのタイミングではもう入れなくて。3歳になる時には、枠がちょっと増えるから大丈夫かなと思ってたんですけど、落ちちゃって。

――抽選に落ちたのですか。

飯田　審査ですね。共働きで、親も近くに住んでいなかったのに、入れなかったんですよ。もう枠が一杯でダメだった。

――芦屋は基本的に、保育園の数が少ないんですか。

飯田　とにかく足りてないと思います。仁怜の時には待機児童が百五十人ぐらい。で、うちは入りそびれちゃって。神戸松蔭女子学院大学のすぐ側の幼稚園は夕方の6時まで預かってくれるので、そこに4歳の時から入れたんです。年中《ねんちゅう》から2年間。

佐藤　芦屋でもこの辺りは結構、マンションも多くて、共働きの家庭も多いんですよ。親が会社勤めの人や単身赴任の人、普通のサラリーマン家庭もかなり多いので。

飯田　小学校に入ってからは学童保育のお世話になりました。仁怜は朝日ヶ丘小学校に通っているんですけど、学童に行きたい人はみんな入れていると思います。今は6年生まで受け入れてくれるようになったんですけど、ただ芦屋でも岩園《いわぞの》とか希望者が多いところでは、高学年で入れない子供がいたり、子供が多くて2クラスになっていたり。

佐藤　芦屋市は小さいんですけど、場所によって結構偏りがあると思います。仁怜が通っている朝日ヶ丘小学校は1学年2クラスなんですけど、岩園はいわゆるブランド小学校で、建物も新しくて、クラス数もかなり多い。

——少子化で小学校がどんどん統合されていく一方で、ブランド小学校に人気が集中していますから。この辺りでは岩園ですか。マンションや家の広告などでも、「岩園小学校区」というのは大きな売り文句になっていますし。

飯田　同じ公立の小学校なのにね。

仁怜さん（以下、敬称略）　岩園は6クラスもあるの。

——小学校で1学年6クラスというのは多い方で、今では珍しい。

飯田　朝日ヶ丘は1学年2クラス。一つ上は3クラスありましたけど。

佐藤　今年の1年生は、確か3クラスだよね。

飯田　でも仁怜の一つ下の学年は、もっと少ないよね。

仁怜　1学年で五十人ぐらいだけ。

——五十人で2クラスだと、かなりゆったりしてますよね。我々の時代は五十人近くまで1クラスに詰め込んでましたから、教室がかなりギュウギュウの状態で授業を受けてました。1学年で4クラスあったので、小学校の生徒数は千人を超えていました。

飯田　仁怜たちは、1クラスで三十人くらいかな？

仁怜　三十二人だよ。

——ということは6学年で三百人ぐらいですか。

仁怜　三百七十人。

——それぐらいだと先生も、わりと生徒みんなの顔を覚えられますね。

佐藤　まあいろんなことが重なった結果なんですけど、うちは共働きで近くの保育園に行けなかったから、僕の職場の近くにある、自宅から10キロ離れた幼稚園に通わせていたわけで。だから幼稚園の頃は、仁怜には近所の友達ってほとんどいなかったんです。夜も、私が仕事を終えて迎えに行ってから家に帰ったらもう6時過ぎだし、週に1回のバレエ教室に行く時ぐらいしか、友達と会わないので。それが小学校に入り出したら急に、「こんなに近所に子供がいたのか！」って。うちの家はY字路の交差する通学路なので、うわっと子供たちが帰って来てうちで遊んで行ってて。

飯田 もう、みんなで「うわぁ～」って学校に行って、「うわぁ～」って帰って来ます。

佐藤 学校で約束してから遊びに来る子もいますけど、帰りにそのままこの家に寄ったり、「今日遊べる?」って電話して来たり。私たちのどちらかが家にいる時は、このリビングで自由に遊ばせています。もはやここは、子供たちの溜まり場みたいな感じ。

――他のお家にも、そんな感じで集まるの?

仁怜 よそのお家には、あんまり行かないかなぁ。

佐藤 うちのリビングでは子供たちに自由にさせていますから、気を遣わないのがいいんでしょうね。その辺り、子供は敏感なのかもしれません。

飯田 仁怜は家にランドセルを置いて、お家に帰る子にくっついて行くこともできるし、通学路の途中に家があるから便利ですよね。あと、やっぱり学童。学童で本当に仲のいいお友達ができたので。長い時間一緒にいるし、学年を超えて遊べるし。

――学童は毎日ですか。

飯田 毎日です。土曜日もあります。通常は5時までで、延長したい人は7時まで預かってくれる。だからすごく助かりましたね。朝日ヶ丘小学校は、学校の中に学童があるんですよ。外に出ないで「おかえり」って迎えてもらって、そこでわいわい遊んでるって感じ。

――上の学年になったら下の面倒をみないとっていうようなセンスも、わりと自然に身に付いてくるし。

飯田　そうそう。下の子と遊ぶのが好きとかっていうようなことを、今でもよく言います。

――小学校の1年生から6年生って、大人と子供ほどの違いがありますからね。

「学校」の役割は、どこへ向かうのか

――最近では大きな流れとして、学校で授業以外のことはあまりしないようにするとか、クラブ活動なども学校外ですべきだとか、学校の役割も変わってきているような話をよく耳にしますが。

飯田　どうなのかな？　親からクレームが来るのかもしれませんけど、校庭で遊ぶ時間や校庭の開放日は決まっていますね。長期の休みの時は平日も校庭を開放していません。そういう意味では、管理しないといけない雰囲気はあるんだと思います。

――校庭の開放日には、先生が見ているんですね。子供たちに介在はしないものの、様子は見ていて、何かあった時には連絡するとか。

飯田　たぶん誰かが付いているんだと思います。学童は、学童保育の資格のある人が見てくれます。その資格取得の要件がかなりゆるくなるという話も出ていますが、学童は経験を積んだ資格のある人が見てくれているというところが良いのにって思うんですけど。あともう一つ、「キッズスクエア」って名前が付いている、学童じゃないけど5時まで遊べるっていう

制度もあるんですよ。学校の中で学童とは別に。そっちは特別な資格は必要がなくて、見守る立場で大人が付いていてくれています。

佐藤　公立の小学校なので、市役所の中で管轄が違うんじゃないかと。

飯田　学童の方は預ける費用も結構かかるんですよね。でもキッズスクエアの方は、子供を遊ばせているのを大人が見ているってところだから、保険には入るんですけど、かかる費用はほとんど保険料ぐらい。なので、気軽に遊びたい人が「遊びたいです」って登録だけしておいて、遊んでもいいし遊ばなくてもいいし。

――学童はやっぱり「保育」ですからね。

飯田　そうです。毎日ちゃんと行って、学童のイベントとかもあったりして、保護者の連絡会っていうのもあるし。毎日一緒に過ごすってことがすごく大事にされているので、かなり質も違うんですよね。

――我々の子供の頃は、見事に放ったらかしでしたもんね。授業が終わったら、学校のどこに行こうが自由で。探検と称して校舎の屋上に上がったり、学校の中あちこち行ってたし。先生たちが3時のお茶の時間にタイミング良く職員室に行ったら、おやつにもありつけたり。焼却炉もあって、冬場は当番制でゴミを燃やしてましたし。良くも悪くも、今となっては考えられないルーズさでした。

合気道とお酒がつないだ「自然なご縁」から

――少し時系列を遡りましょうか。飯田先生は、内田先生が神戸女学院で「合気道部を作ります」とスタートされてから、すぐに合気道を始められたんですか？

飯田　いえいえ。私が1995年に女学院に来た時にはもう合気道部はありましたけど、当時は時間に余裕のない生活をしていて。1999年から合気道を始めたんですけど、そもそものきっかけは合気道部に松田先生っていう先生がいらっしゃって。松田先生はご自身が合気道をされたくて、内田先生に「合気道部を作ってください」と頼んだ発起人的な方なんです。その松田先生と二人でお話しすることがあった時に、「合気道部はすごく面白い」って薦めてくださって。お話を聞いたら面白そうだったんですけど、同僚の先生がなさっているのに、もし性に合わなくて気まずくなったらどうしようかな……と思いもして。内田先生が学生向けの合気道の授業もお持ちになられていたので、そっちなら14〜15回出て終わったところで「ありがとうございました」と言うこともできるので、その授業に出ることから始めました。

前半は講義で、武道の考え方などを教えていただくんですね。「居着く」というのはどういうことか、とか。それがすごく面白くて、後半になっていよいよ実地の稽古が始まるんですけど、その頃には道着も買ってくださっていて、そのまま合気道部に入りました。結果、すごく性に合って面白かった。

――教員も部活の部員になるって、大学では一般的なんですか。

飯田　いや全然、一般的じゃないと思いますよ。女学院では事務の方とかも合気道部に入っていましたけど。

佐藤　そこが合気道の特殊性だと思うんです。試合をするわけでもないし、試合をするための練習期間とか、誰がレギュラーになってとか、そういうことがない。お稽古そのものが活動の中心になっているので、いろんな人が入りやすくって、自分のペースで続けられる。内田先生があぁいったお方で、門戸を広げてくれているから可能なことだったんでしょうけど。

――合気道部って、部活動と言いながらサロン的な感じなんですね。知らなかったら、合気道部＝スポーツクラブで、何らかの大会があってそのために頑張るみたいなイメージがあるかも。

佐藤　僕も今、勤務している神戸松蔭で合気道部を作りましたけど、事務の方とか同僚の教員、あるいは留学生なども一緒にお稽古しています。合気道は体系としてやりやすいところがありますね。全員一丸となるような、アメフトなどとは違いますから。

――合気道を始めたのは、飯田先生の方が早かったんですね。

飯田　そうです。私の方が早く始めた。

佐藤　僕は２００１年に大阪に来たんですけど、毎月、豊中の病院に当直に行く時に雑誌の『ミーツ・リージョナル』を買って読んでいて。当時、内田先生が「街場の現代思想」を連載していて、面白いなぁと思っていました。そのプロフィールに「神戸女学院大学教授」とあって、内田先生のホームページのアドレスが記載されていて。で、内田先生のホームページを見たら、「生まれて最初で最後の講演をやります」ってアナウンスがあったんです。僕はまだ内田先生にお会いしたことがなかったけど、「最初で最後の講演を高砂市でやります」っていうんで、このチャンスを逃す手はない、と仕事を休んで講演を聞きに行ったんです。

当時、僕は大学院生だったんですけど、講演で内田先生が医学部の大学院のお話をされたので、ちょっと質問したんですね。そしたらご縁ができて。

――先生が今のような「お立場」になる以前のお話ですね。

佐藤　その時の講演は「対話するスキル」というタイトルで。今ではあまりお使いにならない言葉ですけど、まだその時は人前で話すことを「スキル」とかという感じで、ご自身でお持ちになられているものを提示されていました。

――内田先生ご自身もその時は、ほんとに「講演は最初で最後」と思っていたんでしょう。

佐藤　今となっては笑い話のような。で、講演会の後でメールを送ったんですよ。「今日のお話は面白かったし、いつも楽しく読んでいます」と。そして最後に一言、「合気道は試合をしない武道だと聞いたことがあり、ちょっと興味があります」って書いたら、内田先生からすぐに返事をいただいて、「合気道に興味おありなんですか？　芦屋の道場でやっていて、アクセスはこうこうで。ぜひどうぞ」って(笑)。

――お誘いをお受けしないわけにはいかない感じになった（笑）。

佐藤　それが2002年の11月だったんです。最初に道場に行った日は土曜日で、その日は内田先生じゃなくて松田先生の代稽古だったんですけど、僕は合気道そのものに興味があったので見に行って。その時は、彼女は日本にいなかった。

飯田　私は2002年の8月から翌年の8月末までの13ヵ月、学校に休みをもらって、スタンフォード大学に行ってたんです。

――スタンフォードには勉強に？

飯田　一応は、研究がメインで。ちょっと教えたりもしましたけど。まあとにかく、1年休みを取って、アメリカに行ってみようと思って。それで入れてもらえるところをあちこち探した中で、スタンフォードは教える期間もくれるって話だったから、いろいろ経験できていいかなと思って。

アメリカに行っている間に、内田先生のブログで、佐藤さんって人が道場に入って来たことは知っていたんです。で、日本に帰って来て道場に行ったら、「あぁ、あなたが佐藤さん。飯田です」って。道場のみなさんが飯田先生って私のことを話しているのをこの人も聞いていたから、「あぁ、あなたが飯田さんですか。佐藤です」って。

――そこから飲み仲間になった。

飯田　そんなにすぐに仲良くなったわけじゃなくて、何年かしてからですね。結婚したのが

２００６年。女学院で毎年行っているスキーに彼も来ていたので。内田先生が「お医者さんもいるよ」って、この人を連れて来て。

佐藤　当時は内田先生も独身だったし、合気道のコミュニティは神戸女学院の人が多かったので、女性が大半で。僕も独りだったし、内田先生は数少ない男性メンバーだった私に、とても気を遣ってくださいました。女性の方たちも、稽古仲間としておおらかに受け入れてくれてありがたかったです。

――当時は佐藤さんのことを、「ドクター、ドクター」って……今となっては凱風館の人脈には、ドクターがたくさんいますけど。

飯田　私もその頃はかなり飲んでいましたから……。内田先生のご自宅で、みんなで騒いだあげく、帰れなくなって泊めてもらったりとか（笑）。

――もう今は、そんなに飲まれない？

飯田　もう全然。仁怜を産む時に、お腹に赤ちゃんがいれば飲めなくなりますよね。出産してからはちょっとは飲んでいましたけど、たくさん飲むことはもうなくなって。それからちょっと眼を悪くしたので、飲んで二日酔いになると眼が痛くなったりもするので。そういうことがいろいろと重なってあんまり飲まなくなって、今は飲まなくてもご飯が美味しく食べられるようになりました。昔はご飯の時にお酒がないなんて、考えられなかったんですけど（笑）。

――まだまだ先の話ですけど、仁怜さんにも一応、酒飲みの血が流れている。

飯田　この人は絶対、飲めると思いますよ（笑）。

佐藤　お酒のアテみたいなの、ほんと好きだもんねー。

仁怜　（照れ）

――女の人はお腹に赤ちゃんがいる時は、基本的にはお酒もタバコもダメになって。お腹に子供がいると分かった時から、自分の今までの生活のベースが変わってしまいます。

飯田　でも産むまでは、大人だから自分で食べものや体調のコントロールも利くし。私は臨月まで教壇に立って、仕事もしていましたし。産んだ後ですよね、全然思っていたようにいかなかったのは。これほど生活が変わるとはって、ビックリしました。

――言葉で何かを伝えることができない、「理解を超えた他者」が登場したわけですからね。

飯田　交渉できない相手と暮らすっていう。こっちがひたすら合わせて行くしかないような生活は、初めてだったので。

――何を欲しているかもよく分からない、ただ泣くだけで。でも繰り返しているうちに、「今泣いているのはこれだな」と、少しづつ勘所《かんどころ》が分かるようになってくる。そこが子育てを経験することで、学んでいく部分で。

佐藤　自分が変わっていくしかないわけですから。そういう意味では、彼女も私も、合気道を通じて身体やコミュニケーションについて考えたり実践したりしてきたことが、かなりプラスになっていると思います。私の場合、仕事や家庭生活は、合気道をするときの心身状態と地続きになっているなと思います。

自然に任せて「やってきた子供」という感覚

――ご結婚される時、子供を作るかどうか、お二人でお話しされていましたか？

佐藤 子供は持てたらいいなあと、普通に話していたと思います。不妊治療も行ってみたよね。

飯田 高齢出産になるので病院にも行ってみたんですけど、あんまり性に合わなかったので辞めちゃって。

佐藤 年齢的に、もうあまり時間がないから行っといた方がいいのかなあって感じだったと思います。

飯田 私たちには、そう悠長に構えている余裕はなかった（笑）。

――我々には時間がない（笑）。

飯田 そうそう、我々には時間がなかった。「行ってみるわ」って感じで病院に行ったんですけど、しばらく通ってみて、これはなかなか大変だなと思って。それで、成り行きに任せようかなと。成り行きに任せて、子供がいない大人二人の生活もいいんじゃない？とか話してたら、仁怜がやってきました。もうハッピー、ハッピー。奇跡的だな、と。

――合気道仲間の人たちの中で子供ができたのは、お二人がわりと最初の方ですよね。

飯田　そうだと思いますよ。仁怜が生まれたのはまだ凱風館ができる前ですし、道場に連れて行った時も子供はまだ仁怜だけでしたから。

佐藤　凱風館ができる以前、芦屋の体育館で内田先生が合気道のお稽古をされていた頃は、神戸女学院の卒業生で元部員の方たちも結構いて、その方たちはまだ20歳代半ばぐらいまででした。当時は僕もまだ30歳過ぎぐらい。当時、内田先生の芦屋の稽古場で定期的に合気道をしていた人たちの中で、子供を授かったのは我々が最初かなって感じです。

飯田　女学院の合気道部のＯＧの方で、結婚して子供が産まれたていた人はいたと思うんですけど、合気道の道場に子供を連れて来てはいなかったと思うんです。我々は道場の中で結婚したので、二人で一緒にお稽古に行ったり、子供も連れて三人で合宿に行ったりしていたから、そういうケースでは最初かもしれない。

――女学院の合気道部のＯＧの方々は、家庭は家庭、道場は道場って線引きして、道場に来る時は旦那さんが子供の面倒を見るか、子供を預けていたのでしょうか。

飯田　道場に子供を連れて来るってことは、あんまりなかったんじゃないかと思います。それとやっぱり凱風館という場所ができて、状況が全然変わったと思います。凱風館ができる前は芦屋市の青少年センターをお借りしていたので、道場の外の部屋はいろんな人が出入りするから子供を放っておくわけにはいかなかったけれど、凱風館では建物の中をうろうろしても比較的安全だから、子供を放ったらかしにできるし。そういう場所ができたというのが、大きかったんじゃないかと思いますね。

佐藤　内田先生が凱風館の道場をお造りになられた時に、少年部も最初から作ってくださいましたし。内田先生は、子供も含めていろんな人がお稽古を続けていける場を創りたいっていう気持ちを、お持ちだったんじゃないかと思います。

――仁怜さんは、合気道は始めていないの？

佐藤　道場にはよく行っていたのですが、結局、合気道はやっていないですね。幼稚園の年中ぐらいの時だったと思いますが、合気道とバレエと水泳と3つ見学して、自分はバレエをやりたいって。

――合気道はバレエに負けちゃった（笑）。

飯田　そう、負けた（笑）。

仁怜　だって、バレエの方が楽しそうだったもん。

――お二人には、「仁怜さんにはやっぱり、合気道をやってほしいなあ」という思いはありましたか。

佐藤　我々は大人になってから合気道を始めたので、仁怜も自分がやりたいと思った時に始めたらいいんじゃないかなと。私自身に関しては、仕事を含めた生活全般のベースの部分に、合気道の考え方と身体運用が根深く存在しているんですよね。私はそうしたことをとても大切にしているつもりです。仁怜も自然に生活している中で、合気道をやりたいと思う時が来たら、始めたらいいんじゃないかなと思います。少し格好をつけた言い方ですが、私は自分で合気道に出合えたことを幸せだと感じていますので、仁怜にも自分自身で合気道に出合ってほしいと思います。

それぞれの立場とペースで、子育てに関わること

――子育てでご苦労されたことはないですか。

佐藤　仁怜がまだ1歳にもなっていない頃、この家に引っ越してくる前で、よく覚えていることがあります。

まだ彼女が神戸女学院に勤めていた頃、子育てで忙しくても、夏休みになったらちょっと時間に余裕ができて、機嫌も良くなるんじゃないかなと思っていたんですよ。そしたら逆で、夏休みになって家にいる時間が長くなったら、イライラし出して。その時に、「ああ、こういうことなんだ」と気がつきました。忙しくても、外でいろんな人と関わっていることがやっぱり大切で、夏休みでずっと家にいると「ずっと子供と向き合う」ことになって、ちょっと煮詰まってしまうんだなと。私の今の同僚や他の知り合いでもいろいろなところから、「妻が育児で孤立気味になっていて心配で……」という声が、耳に入ってきます。母親の孤独感は、

重要な問題だなと実感しています。

――ずっと赤ちゃんとのコミュニケーションだけで過ごすって、ヘヴィですからね。例えば買い物に行くのに子供を預けて外出しても、やっぱり子供のことが気になりっぱなしだから、心理的な部分では休まっていなかったり。

飯田　そうですね、ほんとに。私はあまり長く育休を取らなかったんですよ。仁怜は8月生まれだから、ちょうど夏休みになる頃に生まれたので。大学の夏休み明けは10月からですから、11月と12月は育休を取ったんですけど、1月から復帰ということにして。1月に集中講義を入れて、3カ月の分のコマを教えて。その学期も、結局持てるコマは全部持ったんですよね。いくつかは非常勤の方にお願いしたりもしたけど、あんまり休まなかったんです。まぁ、大学の教師だからできたことですけど。

――結果、それが良かったんでしょうね。

飯田　良かったんだと思います。仕事で生活のペースが取り戻せたのは、私にとってとても大きい。

――真面目な方は、「一度、子育てに専念しないとダメ」とか思ってしまって、自分を追い込んでしまうこともあります。

佐藤　それはしんどいでしょうね。

――全てが子供のペースになってしまうと、あまり良くないのでしょうか。

佐藤　私は育児に関してたいしたことができているとは思いませんが、それでも冷静に考えてみると、現在のスタイルで育児ができているのは、「働き方を変えた」というのが大きいと思います。私が普通の医者で病院に勤めていたら、飯田は今の名古屋大学には移ることはできなかったと思いますし。別に恩を着せているわけじゃなくて、私も子育てをしたかったし、大学病院勤務とは異なる働き方をするようになり、教育や凱風館でもいろんなことに関われて、すごく満足しているんです。「二人で子育てできるような働き方」ということについては、自分でそちらの方へ意識的に舵を切ったな、という気持ちはありますね。

　私の両親は二人とも医者でしたから、小さい頃からフルタイムで働いていました。親は親で凄く頑張ってくれたとは思うんですけど、特に母親が働いていたことで、子供時代には寂しかった記憶がかなり強くあるんですよね。だから自分が子育てに関わるってことは、ある種の夢の実現だったんです。

　仁怜が小学校1年生の頃は、子供が帰宅する時に、家で両親のどちらかが待っている必要がありました。私も週に1〜2日は夕方、仁怜の帰宅を家で待っていたのですが、学校から友達と一緒に坂を下って帰ってくる声がするのがとても嬉しかったんです。私は自分が小学生の頃、帰宅する時に親が家で待っているという経験をしたことがないんです。そういう人はたくさんいると思うんですけど、私は家で子供が学校から帰ってくるのを待ってみたかったんですよね。そんな、小さいようだけど、私にとっては大きな夢を持っていました。

――家で子供の帰りを待つことができる父親なんて、なかなかいないですからね。

佐藤　そう、「仁怜ちゃんのパパって、お仕事何してるの?」って。夕方になったら、家の2階の窓から、子供たちが帰ってくる様子を眺めているから(笑)。今はもう4年生ですけど、子供が学校から帰ってくる時に家で待っていて嬉しい気持ちっていうのは、全く色褪せないですよね。子供はどんどん大きくなりますから、この経験もまたいつまでも続くものでもない貴重なものだと思っています。「おかえりなさい」、「おかえり」というのは、もしかしたら自分が一番好きな日本語かもしれません。

――共働きの場合、朝に子供を預けて、二人ともフルタイムで働いて、夕方になったら奥さんが子供を迎えに行って……というパターンが多いようですけど、佐藤さんのところは、仁怜さんに対する関わり方もお二人の間でそんなに極端な差はないのでしょうか。

佐藤　彼女は今、毎週名古屋に泊まっています。それで、仁怜が早く帰ってくる日は友達と遊びたいと言うので、僕はできるだけ早く帰って来て、うちで遊ばせて。夜はご飯を作ってお風呂に入って寝て、朝、学校の準備をして送り出す。

飯田　完全にパパだけって日になりますからね、私が泊まりの日は。

佐藤　逆にママだけって日はほとんどない。僕が泊まりでいないっていうのは少ない。

飯田　私の方が泊まりで夜、家にいないっていうのが多いですね。

佐藤　土日でも、仕事で東京に行ったりしますから。

飯田　東京で学会の会議とか、研究会とか、そういうのがいろいろあるんですよ。

佐藤　年に何回かは、海外にも行くし。

飯田　名古屋大学に移ってから、アジア方面が多いんですけど、海外に3～4日行くっていうことも増えてきたので。

佐藤　そんな時は僕一人じゃなくて、名古屋で一人で暮らしている彼女の母親が来てくれて。

飯田　私が長期間うちにいなくなる時は、母に来てもらっています。

　仁怜が小学校1年生になるまでは、私も泊まりの予定を入れてなかったんです。必ず家に帰っていました。幼稚園の年長になる時に名古屋大学に異動して、最初は泊まったりしてたんですけど、私がいないと仁怜がもう眼が腫れるぐらいものすごく泣くものだから、これは無理だなと思って、名古屋に行く時も日帰りにしていたんですよ。すると今度は、私の体調が悪くなってしまって。いつも日帰りはしんど過ぎるからって仁怜とも相談して、1年生になった頃に週に1回は泊まるってことに、じりじりと変えていって。

――小学生になって友達がたくさんできて、母親への依存度も減ったから、すごく楽になったんですね。

佐藤　子供自身の成長に助けられている部分がありますからね。

飯田　仁怜も少しづつ自立して、親離れしていってますから。今でも私がいないことを、喜んではいませんが、まあまあ折り合ってくれています。

「恋バナ」を始める子供たちを見守る

佐藤　うちはいろんな意味で恵まれてきたと思いますし、親戚や仲間やご近所のみなさんをはじめ、周りのみなさんにはとても感謝しています。凱風館の周りで過ごしている人たちが、自分たちの家族の過ごし方を丁寧に作っているのと同じように、私たちも「うちなりの家族の作り方」を、意識的にやっている部分があるなぁと思っています。

　仁怜は凱風館が大好きなんです。人と会うのも大好きで、今度も年末に凱風館の合気道の納会があるんですけど、それにも行きたいって。みんなに会いたいって言うし、麻雀の例会も大好きですし。光嶋さんのところのお子さんとか、小さい子たちと遊べるし、内田先生や堀埜さんも含めて大人たちと会える。いろんな人とワイワイと話ができるっていうのがすごく好きで。

――小さい頃から凱風館に連れて来ていたので、それが当たり前になっているのかな。

佐藤　みんなでワイワイというのが好きで、家でも友達を連れて来て遊ぶっていうのは、凱風館で培われたんだと思います。

飯田　ものすごい宴会好きで、男の子も女の子も遊びに来るんですよ。

――そういう時は仁怜さんが仕切ったりするの？

飯田　必ずしもそうじゃないと思うんですけど、自分がしたいことばかり言うとうまくいかないっていうことを学んでいるんだと思います。仕切るっていうよりは譲り方、譲って今度は私のしたいことをって。そういう交渉をするのを学んでいる雰囲気ですよね、傍で見ていると。

佐藤　もっと小さい頃は、原石同士がガツガツぶつかる感じでしたけど、やっぱり子供たちの中でも社会性が芽生えてきて。最近は好きな子が誰とか、そんな恋バナばっかりしてますけど。うちで告白大会とかしてるんです（笑）。

――それは女の子だけ集まって？

飯田　いえいえ、男の子もいますよ。

佐藤　うちは一応、親がいる時だけ友達を連れて来ていいというルールなので。ある日、男女が集まって告白大会が始まったことがあって。で男の子が一人、輪から外れて僕の方に来たのでポテチをあげたら、その子が「人生いろいろありますね」って（爆笑）。詳しい話の内容は、私は知らないんですけど。

飯田　その子は、その時の主役だった子ではなくて、傍観者だったんですね（笑）。

――ちょっと寂しい思いをしていた（笑）。

佐藤　とてもやさしい子なんですけど。その子とはずっと学童から一緒で、なんとなく見届け人的なポジションを求められたのかもしれない（笑）。

飯田　うちは一人っ子で他に子供がいないから、お友達が来てくれるのはすごくありがたいんですよ。私は家で仕事もしたいから、お友達が来てくれたら子供にかまわなくていいので、大歓迎です。学童のお友達だと、親は基本的にはお仕事に行ったりしているので、みんなでうちに遊びにくるのを楽しんでくれていると思います。

――今は一般的には、子供だけが行き来することって、やっぱり減ってるんでしょうか。

佐藤　減っていると思いますよ。びっくりされますもん、「迷惑じゃないですか」って。でも子供たちはそういう垣根の低さに、段々慣れて来ますから。ある時、男の子だけがふらっとうちに来て、スパゲティ作ってあげたら「もっと食べたい」って（笑）。普通に生活の一部としてうちに遊びに来て、うちはそれで全然かまわないし。

――凱風館のような「開放系の場」で、そうした振る舞いが自然に身に付いたんでしょうね。「他人が来るのは嫌だ」というお家もあるでしょうから。

飯田　友達のお家だったら、お父さんがお家にいる時はゆっくりしたいから遊びに行けないとか。うちは親がいる時こそ遊びに来てという感じなので、その辺りがちょっと違うみたいです。

佐藤　凱風館の近くに住むことになると、凱風館と濃密に関わることが当然増えると思います。それはそれですごく大事なことですけど、凱風館の近所に住んでいなくても、凱風館で合気道のお稽古に通いながら働いたり生活したりしている人が、なんとなく凱風館で培った対人関係のつながり方、温かさとか、こうしたら人と人とのつながりがうまくいくということが、身に付く部分もあるんじゃないかなと思うんですよね。

――コミュニティに関わって、その快適さや良い部分を味わった人間は、自分もそれを実践していくという余裕ができる。

佐藤　そうですね。僕の中では「やってやろう」とかいうよりも、凱風館で人と接する時の温かい感じとか、こういう感じで人と接するといいんだなとか、それと同じような感覚を持ち続けているつもりです。私自身は、今はそれほど凱風館にいる時間は多くないのですが、自分のメンタリティや行動規範の軸になっている場所だと思っています。例えば道場ではニコニコしているのに家や職場だと全く違う人格になってしまうとしたら、それはとても寂しいことですよね。そうじゃなくて、道場と同じような心の状態と振るまいをそのまま続けているような感じです。特別に意識的に、あるいは概念的に「これが正しい振る舞いだ」などと思ってやっているというわけではなくて、もっと体感的な感触を、道場から同心円状に広げているような感じですね。

いつでも子供たちに優しくしているわけでもなくて、仁怜の友達には、午後5時30分になったら急に厳しい顔つきになって、「もう帰りなさい」って言ってます(笑)。夜は道が暗くなって危ないですから。

中学受験に向き合い始めるタイミング

――仁怜さんは、まだバレエも続けているんですか。

飯田　続けています。辞めたくないそうで。バレエとバイオリンと、今は学習塾にも通い始めています。

佐藤　大きくなってきたら、学校が退屈だって言い始めて。それで2018年の2月から、学習塾に通うようになりました。

飯田　学童保育が3年生で卒業なんですよね。今は希望すれば6年生まで行けるようになったんですけど、ほとんどの同級生のお友達が3年生で辞めちゃうし、うちも学童を卒業することにしたんですが、そうなるとうちに帰って来てから一人の時間が長くなるんですよね。それで、学習塾っていうのも選択肢としてあるかなと思って見学に行ったら、仁怜が「行ってみたい」というので、通うことになりました。

――学習塾は同じ学校のお友達が多いのでしょうか。

飯田　そうですね。阪急の西宮北口駅まで、電車で通っています。

佐藤　自分の人生において想像していなかったことですが、夜に駅まで迎えに行ったりもしています。ちょっと気恥ずかしいですが、これが現実ですね。

**――学習塾が当たり前になっていて、小学校も高学年になると塾に通っていない子の方が少

ないのでしょうか？

佐藤　決してそんなことはないと思います。

飯田　みなさん、いろんな塾に通っていますよ。地元の塾に通っている子もいるし、仁怜が通っているのは中学受験のための勉強をする塾なんですけど、一口に学習塾と言っても目的がいろいろありますから。お友達の半分も塾に通っているかどうか……正確には分からないですけど。

――仁怜さんは中学受験を目指していると。

飯田　今は一応、「受験しよう」ということになっています。

――塾のお友達とは「どこの中学に行こうかな」とか、お話ししているのでしょうか。

飯田　塾でも学校でも話しているみたいですね。関西には、そういう傾向があるんじゃないですか。私は出身が愛知県で……愛知県って基本は公立という文化で、私立の中学校は数も少なくて、あまり「受験」という発想そのものがなかったと思います。阪神間は、すごく多いですよね。

佐藤　凱風館の周りでも小さな子供がいる人は、子供が大きくなってくると、塾に通わせようかどうしようかって、いろいろ考えるようになってくるんじゃないかなと思いますよ。凱風館道場には、小中学生の子供と一緒に合気道をやっているお母さんやお父さんが何人かいらっしゃいます。大人も子供も、みなさんいろんなことをお考えなんだろうなと思います。

――阪神間は私立で良い中学校もたくさんありますから、中学受験をする子もきっと多いんでしょうね。

飯田　歴史の古い学校もあるし、大学までつながっている学校もあるし、学風の違う学校がいろいろありますよね。私は阪神・淡路大震災の年に神戸女学院に勤め始めたんですけれど、この20年ぐらいの間に、変化もしています。

――飯田先生は神戸女学院においでになる前は？

飯田　大学院生で、名古屋にいました。幸運なことに、博士課程に在籍しているうちに、女学院に就職できました。

――お勤めに関しては、全然苦労していない、と。

飯田　正直なところ、していません。

佐藤　学位論文が、とても良い仕事だったんでしょ。

飯田　女学院が大好きでしたから。こっちに来て、仁怜も生まれて、もうこの場所に骨を埋めてって思っていました。女学院を凄く気に入っていたので、他の場所に行きたいとは全然思わなかったんです。

――居心地良いですもんね、女学院って。

飯田　すごく働きやすいところですよ、ほんとに楽しかったから。でも母校の名古屋大学については、実家が名古屋にあって、母も年老いてきたし、異動を考えた唯一の場所でした。

今は私が名古屋に行ってる間に母がこっちに来たりもして、私は入れ替わりに、母がいない空の実家に帰ったりしています。

——ご実家にはお母さんお一人で？

飯田　父はもう亡くなって、今は母一人なんです。もうすぐ78歳ですけど元気です。仁怜も母にはすごく懐いていて、母が来たら必ず一緒に寝ています。すごく仲良し。

——身内の方と適切な行き来があって、仲が良いのは、子育てにおいて楽になれる一つのポイントですね。

飯田　佐藤と母も、私のいない時でも仲良くやってくれていて、それもすごくありがたいですね。二人で仁怜の面倒を見て、二人でいろいろ相談してやってくれていますから。

——「6ポケット」とか言って、今はおじいちゃんおばあちゃんというのは財布をアテにするだけで、子育てそのものに関わるのは避けられているみたいな面もあるようですが、やっぱりいろんな大人が関わる方が良いですもんね。

「入りやすく出やすい場」があることで

——お二人の中で、一緒に子育てをしようという話をしていて、子供に自由にのびのびと育ってもらいたいとお思いなのは、ともに大学教授をなさっていて、前向きな希望を持った中で

子供を育てられているからこそで。時間に追われるようなガチガチのサラリーマンじゃないからこそ、できている部分もあるんじゃないでしょうか。

飯田　恵まれてますよね、ほんとに。感謝しています。

――佐藤さんはご著書にもお書きになられているように、お医者さんであり、合気道もされているということで、身体と知性について考えて論じるお立場でもいらっしゃいます。だから子育てについても、いろんな面からデリケートに考えられる。知性があるからできる余裕っていうのは、大きいんでしょうね。

佐藤　身体的な感覚を大切にすることを知性的に行えればいいなとは思っていますが、それができているかどうかは、よく分からないです。仮に「うまくできた」と思ったとしても、過去のことに満足していても意味がないと思いますから。家庭生活では、常に「いま」どう振る舞うかが求められますよね。家庭では、「あの時のパパはナイスだった。冴えていた」では、目の前の問題を解決できないですよね（笑）。

――凱風館の周りの方々には、合気道を通して自分たちの中で共有している体感的なリテラシーがあるから、よりコミュニケーションを「開いたもの」とした方が楽なんだろうと思える環境にあるんでしょうね。

飯田　そう思いますね。

佐藤　一方で、世の中は元々もっとおおらかだったのに、人と人とのつながりにおいて敵対的な人間関係を作らないといけないということが、いろんなところで増えていて。ビジネスやスポーツの世界、あるいは家庭にもそれが確実に入り込んでいるような気がします。社会全体がすごく競争的、攻撃的な感じになっている。ふと気づけば、攻撃と防御にエネルギーを取られてしまって、しんどそうな人が目につきます。

そのような状況で、凱風館に集まる人達は、世の中全体の風潮とはちょっと違うかたちで、コミュニケーションを持ちたいと思っている人が多いように感じます。同時に、内田先生が社会に対して発信しておられるメッセージの中で、例えば「競争しない」とか、そういうことって、単純にその言葉だけを切り取って、「そんなの無理じゃん」みたいに受け取ってしまう人が世の中全体には多いのかもしれないな、とも思います。現在の社会状況では、大切なことがなかなか伝わりにくくなっているのかなと。

――「そりゃあ佐藤さんは立派な一軒家に住んで、夫婦ともに大学教授だから、好きなことを言えるんでしょ」とか言われてしまったら、そこから先には全然進めません。

佐藤　繰り返しになりますが、自分としては「凱風館以外の場所で、凱風館で培ったコミュニケーションの作法を活かす」ということが大切だと思っています。常に感謝を忘れずにいたい。私は特に子供を中心にして考えはしますけど、自分より立場が弱い人の気持ちというのを忘れずに、本当に大事なのはそれだけなのかな、と思ってやっている部分がありますね。内田先生がおっしゃっていることは、「競争以外のかたちで、自分を成長させることが必要なんだ」ということだと思っています。そして自分を成長させるというのは、自分よりも立場の弱い人を守れるようになることだと思います。

――このインタビューも、「あなたたちは凱風館に関わっているから」とか、「うちの地元には凱風館がないし」とか言われると、とても困ってしまいます。

佐藤　北海道の「べてるの家」[*注1]は、精神障害などを抱えた方々の地域活動拠点なんですけれど、社会的には今の話と同じような受け取り方をされることがあるようです。自分の肉親や関係が近い人が精神疾患を抱えた場合に、「なんとか、べてるの家に入れてほしい」と思う人たちと、「自分の周りにはべてるの家はないから、べてるの家の活動は参考にならない」というような見方をする人たちがいるようです。

――日本全国に「べてるの家」があるわけじゃない、と。

佐藤　同じような立場で、もっとポジティブにやっている人はもちろんいるわけですけど、「べてるの家」をネガティブに捉える人たちは、ずっとそういうことを言い続けていて。

飯田　それぞれのやり方で場所を創ればいいんでしょうけれど、人が集まると何か問題が起きるんじゃないかというような、集まることへの警戒心が最初からあるようだと、ネガティブになりやすいのかもしれませんね。凱風館で学んだことっていうのは、いろんな人が集まっても「まあなんとかなる」っていう、ギシギシやるんじゃなくてゆる～くやっているのがいいっていうこと。内田先生の考え方、やり方で。

私なんか、今はお稽古に全然行けていないんですけど、だからといって決して敷居が高くならないんですよね。また凱風館にお稽古に行ったら、「あぁ久しぶり」みたいな感じで行けるだろうなぁっていう安心感があるんです。

——やっぱり「習い事」じゃないんですよね。習い事って久しぶりに行ったら「何してたの?」って感じになりがちですけど。「入りやすくて出やすい」という。

飯田　そう、入りやすくて出やすい、しばらく行かなくても時々でも入れるっていう。あの感じは内田先生がお創りになられている空気だし、それを経験すると、複雑な人間関係やお金があるなしの問題とかに捕われずに、それぞれになんとかなるんじゃないかっていう。まあ問題があったら離れればいいし、状況が変わってきたらまた一緒にやったらいいしっていうような、そういう感じの結びつき方、ゆるく折り合えるところで一緒にやろうっていう感じがいいのかなって思います。

佐藤　合気道の特徴の一つだと思うんですよ。合気道は試合をしないので、結果や勝ち負けに対して進んで行くみたいなことがないんですね。「今は辛抱して、我慢したら、この先には何か光が見える」とかじゃないんです、おそらく。そうじゃなくて、今この時を充実させていく。お稽古というのは「将来のためにする」のではなく、もちろん積み重なってはいくんだけれども、「今ここ」の過ごし方に対して自分が問われる。「今」を充実させることが何よりも重要で。おそらく子育ても、「いつか終わるもので、それまでは辛抱しよう、我慢しよう」

というものではないのではないかなと。

子育てという今を、どう充実させるか

――「子育てがしんどい」というのは、「今ここで子供と過ごす時間を充実させる」という感覚が薄いからなんでしょうか。私自身はずいぶんと子育てを楽しんで、そこからいろんなことを学んできたので、「子育てがしんどい」というのが、実感としてよく分からないところがあります。

飯田　確かにそうです。基本的に、経験しているということ自体が面白いんですよね。与えられた環境と場所によってもちろんいろいろあるけど、どんなことでも「経験するのが面白い」ですから。子供を見ているのは面白いし、自分の変化にも「こんなことがあるのか」って驚く。もちろん大変なこともたくさんあるんですけど、それもやっぱり経験だから。「こんなにイライラするのか、私って」とか思うこと自体が面白いです。

――赤ちゃんから子供になる過程って、一番面白いじゃないですか、観察していて。この子は今、何かに目覚めてたというのが分かる瞬間が、頻繁にありますよね。ジャック・ラカン*注2じゃないけど、自分を獲得する過程みたいな。あれを見続ける経験って、なかなか得難いものだと思います。

佐藤　話は少し変わりますが、この前、私が産業医として仕事をしている会社で、久しぶりに白血病で入院された社員がいたんです。かつて私は、病院に血液内科医として勤務していたのですが、自分と同い歳とか、同年代の人が、ある日突然に「白血病です」と言われて、病院に来られるんです。人間って本当に、いつ何が起こるか、どうなるのか全く分からない。それは私自身の人生観の中心にあることの一つかなと思います。でも、「いつ何が起こるか分からないのだから、なんでもいいや」ってことじゃなくて、やっぱり人間の命って有限だし、今を充実させていかないと。そのような意識と「幸せ」って、深くつながっているんじゃないかなという気がします。そう考えると、子育てというのもまた、「今を大切にする」という意味で、実に得難い、貴重な経験ですよね。

飯田　子育てでは自分のやり方を押し付けないってことが大事だと思っているんですけど、ついつい「私はこう思う」って言いたくなるじゃないですか。それが子供にとって必ずしもいいとは限らないのに。例えば子供がまだ小さい時に、外に着ていく服を子供が自分で選んだら、私の好みと全然違う、というかその組み合わせはちょっとどうなのかなと思った時とか。佐藤はそういう時、「仁怜がそれでいいって言ってるんだから、いいんじゃない」って言うんです。私はやっぱり瞬間的に、これを着せてる親ってどうよ？　みたいな、自分に向けられる人の目を気にしてるんですよね、そういう時。

佐藤　それで言うと、仁怜がバイオリンを演奏していて音程が違ったりすると、彼女はなんともいえない嫌な顔をするんですけど、それを仁怜は「なんなん！」みたいな感じで、めっちゃ嫌がるんですよ（笑）。

――飯田先生もバイオリンをしてらっしゃったから、そこは気になる（笑）。

佐藤　バイオリンの先生がいるんですけど、そこにはやっぱり、母親である彼女の好みみたいなものが出るんですよ。

飯田　できるだけ黙ってるようにしていますよ。言わないように（笑）。

――子供って意外と、そういうことを気にしていますよね。「あぁ、お母さん、この前こんなこと言ってたな」って、それもジワジワと内面化していく。とりあえずは家を出るまでは親に言われた服を着て、外に出たら脱いだらいいとか、駆け引きもするようになってきます。そういうことが自然と身に付いてくるのも面白い。

佐藤　そういう意味では、全然きれいごとじゃなくて、学習塾とかにしてもね、やっぱり「ここまでやるのか」とか、「それで幸せになれるのか」とか、いろんなことを思うし。子供が成長したら社会のいろんなことと直面するじゃないですか、携帯電話を持たせるかとかも含めて。それも、あまり極端に浮世離れしたようにはできないし。今、現場で子供を育てようと思ったら、一つ一つのことに悩んでいかないといけないんですよね。そこでやっぱり大事なのは、親子でちゃんと話し合うことなのかなって。

飯田　仁怜とは、話し合いがほんとに多いんです。バイオリンの練習だって、今日はどういうふうに練習するかっていう話し合いを、毎回しないといけないんですよ。なんでこんなことになるのかと思うけど、やり始めるとすぐに揉め出して、じゃあどういうやり方だったら二人で仲良くできると思う？って、「また今日もここからか」って。それに時間がかかって、楽器を触る時間がなくなる(笑)。いつもいつもやり方についての話し合い、ありとあらゆることに関して、ほんとに。

――佐藤さんはそういう時、「なんで女同士はこうなるんかなぁ」ぐらいの感じで見てるのでしょうか。男親と女の子は、あまりそんなふうにならないですからね。

佐藤　ならないですよね。

飯田　どうなのかなぁ？　私とだけじゃない気もするけど……。

佐藤　お互い正面からぶつかっている感じがするんです、ものすごく。好みの提示の仕方とかがね、バチバチッと。

飯田　お互いに全然、譲らないから。

――そういう時に仁怜さんは、どう思ってるの？

仁怜　もう分かりきっていることをずっと言うから、「分かってるし！」ってなる。

佐藤　分かっているけどできないみたいなことを言われると、カチンとくるって感じ。

――でもそれって、大人になっても変わらないです。だから仁怜さんが怒っているなって思った時は、お母さんもちゃんと引いているはずで。

飯田　工夫してるよね、お互いに。どうやったら喧嘩しないでお稽古できるかって話ばかりしてるよね。今日は喧嘩しないでやってみようかとか、それが目標になったりします。今日は喧嘩しないで練習を終えられたじゃん、私たち。次回からもまたこれで行こうって（笑）。

――バレエとバイオリンはずっと続けたいって思ってるのかな。いつぐらいまで続けようかとか、考えたことはありますか？

仁怜　まぁ、嫌になったら。

――嫌になるのがいつかは、分からないものね（笑）。

仲良しだから言える、好きなところと嫌いなところ

――仁怜さんから見て、お父さんってこんな人、お母さんってこんな人って言えることはありますか。好きなところとか、嫌いなところとか。

仁怜　パパはモノを買ってくれたりするところとかは好きだけど、すぐ怒るからイヤ。

――そんなにすぐ怒るの？

仁怜　すぐには怒らないけど、怒ったら怖すぎる。こないだロイヤルホストに行った時もそう。元々行きたいって言ってたつもりだったけど、ちゃんと伝わってなかったみたいで、パパが家でご飯を作って待ってたの。

飯田　二人でバイオリンのお稽古に行ってて、「今日は外食にしよう」という話になって、「じゃあロイヤルホストに行くか」と。家に連絡して「ロイヤルホストに行くことになったよ、ごめん」って言ったら、もう……（笑）。

――佐藤さんはお家で、ご飯を作って待っていた。

佐藤　炊きたてのご飯をみんながおいしく食べられるようにって、丁寧にお米を研いで、米を水に浸す時間の計算をしたりして。まあ、私にしたらその前に、家で勉強するときの態度が悪かったり、周囲への感謝や配慮が足りない言動が目についたり、というような蓄積があったわけなんですけど……子供にしてみると突然だったのかも。

――ロイホに行くのが引き金になった（笑）。まあでも、そんなに頻繁に怒鳴ったりすることはないでしょ。

佐藤　いや、かなり強く怒る時はありますよ。

仁怜　「もう、うちの子じゃないから出て行け！」とか。

飯田　仁怜が怒られる時は、だいたいモノをなくしたとか、ママの言うことを聞かないとか、言っても言っても動かないとか。

佐藤　そこは僕の中では一貫性があって。例えばママがしんどくて寝てる時に無理矢理起こそうとするとか、お年寄りのおばあちゃんに対してものすごく悪い口をきいて、それを謝まらないとか。そういう時に、ちゃんと自分から謝ることができない時に、強く叱っています。

あとはまあ、モノを片付けない時とかも（笑）。

仁怜　片付けなかったら、めっちゃキレるじゃん。

――モノを買ってくれるところは好きって言ったけど、それ以外にも好きなところあるんじゃないの？

仁怜　時間を守るとか、約束は絶対守るとか。でも守り過ぎて、きちっとし過ぎて、というのもある。

――約束を守り過ぎ（笑）。じゃあママの好きなところと嫌いなところは？

仁怜　なんかもう、すぐため息ついて。バイオリンとか習ってても、すぐ「はぁ〜」とか言って、「なんなん！」ってなる。

飯田　言わないようにはしてるんですけど、ようやくもらしたため息じゃないの（笑）。「ママはなんのために聴いてるわけ？　なんにも言っちゃダメだったら、どうして聴いているわけ？　聴かなくてもいいんじゃん」って言ったら、「そうじゃない！」とか、この人もよくいきなりキレるし（笑）。

――好きなところは？

仁怜　特にない……。

飯田　全部好きだからね（笑）

いずれは向き合わなければいけない、スマホ問題

——スマホはまだ持たせていないのですか。

飯田　それはまだ。高校に入ってからでいいと思ってますけど。

仁怜　中学校だよ、絶対。

飯田　その時になってから、考えようね。

——今はどこの家でも、それで葛藤するらしいです。

仁怜　小学校で持っている子もいるよ。お父さんと兼用だけど。

——へえ。お父さんと兼用って、一つの手かも。

仁怜　お父さんがお仕事で持って行くから、その時は触れない。だからやり過ぎない。

飯田　なるほど、お父さんのをちょっと貸してもらってるわけだね。

仁怜　いや本来は自分用なんだけど、お父さん専用のがないからお父さんが使ってるらしい。

飯田　お父さんが、娘さんのスマホを借りてるの（笑）。

——でも一つのスマホをシェアしてたら、変なことにはならないから、安心感はありますね。

飯田　ほんとですね。

仁怜　アプリとか勝手に入れてたら、すぐ分かるし。

飯田　スマホはいろいろとルールを決めないといけませんね。連絡をとるだけなら、キッズ

携帯でいいんですよね。

仁怜　あれ、写真が撮れないじゃん。

飯田　写真なんかいいじゃん。いつも写真ばっかり夢中になるよ。眼で見たらいいでしょ。

――佐藤家は、旅行とか行った時にパチパチ写真を撮る方ですか。

佐藤　そんなに撮らないですね。

飯田　私も、自分が元々あまり写真を撮るタイプじゃなくて。少しは記念に撮るけど、あまりたくさんは。まあ、子供が出来てからは、さすがに増えましたけど。

――それも子育ての楽しみの一つですから。バレエの発表会とかは、写真を撮ってるんですか。

佐藤　撮影は禁止なんですよ。

――時代ですねぇ。親御さんや関係者でも。

飯田　発表会はＤＶＤやブルーレイを、後で買わないといけないんです。買いたくなければ買わなくてもいいんですけど。

――そういうビジネスモデルになっている。

飯田　幼稚園の運動会や発表会もそうでした。小学校の音楽会も学校側でちゃんと撮ってくれたものを、買うことになっているので。

――学校によっては違うんでしょうけど、方向としてはそっちに行ってるのでしょうか。

飯田　場所取りなどが、どんどん激しくなっちゃうらしいですね。幼稚園の時には、本番と撮影用にもう1回、運動会の日があったよね。走ったりとかはなくてダンスだけ。その時には写真を撮りに行きました。自分の子供だけ撮れればいいから、順番が終わったら場所を譲れる。そうじゃないと、一度取った場所を動かない人がいるから、大変なんですって。

――写真や映像の記録にしても、スマホにしても、昔に比べたら便利になった分、ルールというか「縛り」が増えてくる。そういうこととは、都度向き合ってやっていくしかない。そこでのルールに「正解がない」というか、「その都度の正解を探り当てる」という部分も、子育てに通じることなのかも知れませんね。

今日は仁怜さんの意見もたくさん聞けて、とても参考になりました。何年か経ってから「私、こんなこと言ってたのかぁ」みたいになるんでしょうか。そういうのも含めて、これからが楽しみですね。

（取材日時：2018年12月8日）

＊注1「べてるの家」……1984年に設立された、北海道浦河町にある精神障害などをかかえた当事者の方々の地域活動拠点。生活共同体、働く場としての共同体、ケアの共同体の3つの性格を有している。

＊注2「ジャック・ラカン」……ジャック・ラカン（Jacques-Marie-Émile Lacan、1901〜81年）はフランスの哲学者・精神科医・精神分析家。自己獲得の過程を発達論的観点から説いた「鏡像段階論」では、幼児はいまだ神経系が未発達であるため、自己の身体的同一性を獲得していないので、鏡に映る自己の姿を見ることで、自分の身体を認識し、自己を同定していく。この鏡は他者のことでもあり、人は他者を鏡にすることにより、他者の中に自己像を見出していくと説明した。

❸ 子育てにおける夫と妻の役割分担

私は「イクメン」という言葉は、あまり好きではありません。外形的にハンサムな男性を指す「イケメン」の延長上に、育児休暇を取って、積極的に子育てに参加する男性を置いた「イクメン」という言葉。その語感こそ軽薄であるものの、「家事や子育ては女性がするものである」という前提がまずあって、「積極的に子育てに関与する男性は尊い、そのことを社会や企業は認めよ」というような、どこか不遜なものを感じてしまうのです。民主党政権下の２０１０年、当時の長妻 昭厚生労働大臣が少子化対策の一環として、「イクメンという言葉を流行らせたい」と国会で発言したことで、そのダメっぷりがより明らかになりましたが、「そもそも子育ては、夫婦でお互いに悩み愉しみながらするものである」という本書の前提からすると、「イクメン」という言葉は死語として葬り去るべきでしょう。

6歳未満の子供を持つ夫と妻の家事と育児に費やす時間

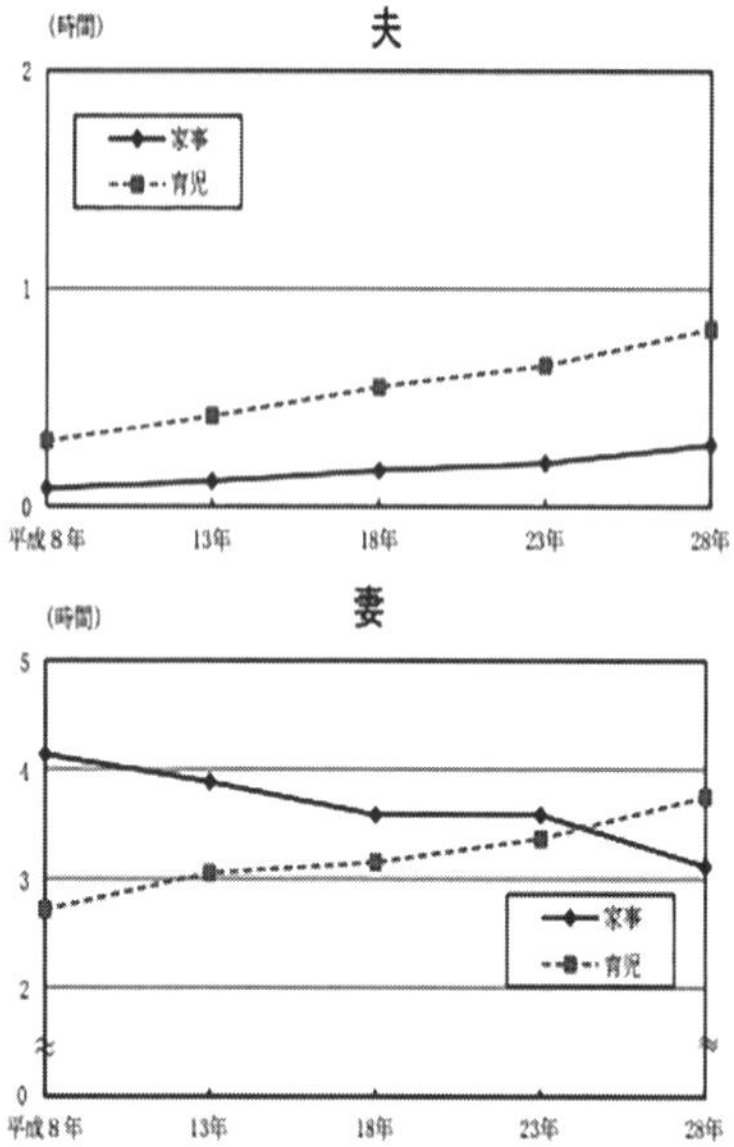

資料：総務省「平成28年 社会生活基本調査」

上のグラフは、夫婦における家事と育児に費やす時間をまとめたものです。縦軸に注目してください。右肩上がりに増えているものの、男性のそれは「1時間程度」というのが実情です。一方で女性は家事と育児をあわせて7時間近くを費やしており、「家事や子育ては女性がするものである」という状況は相変わらずです。家事と育児ともに、男性の関与する時間がわずかながらも右肩上がりになっているのは、共働き世帯の増加によって、女性の家事に費やす時間が減少したことに加えて、若い世代が家事を積極的に分担するようになったからでしょう。

共働き世帯と専業主婦世帯の夫と妻の育児時間の比較

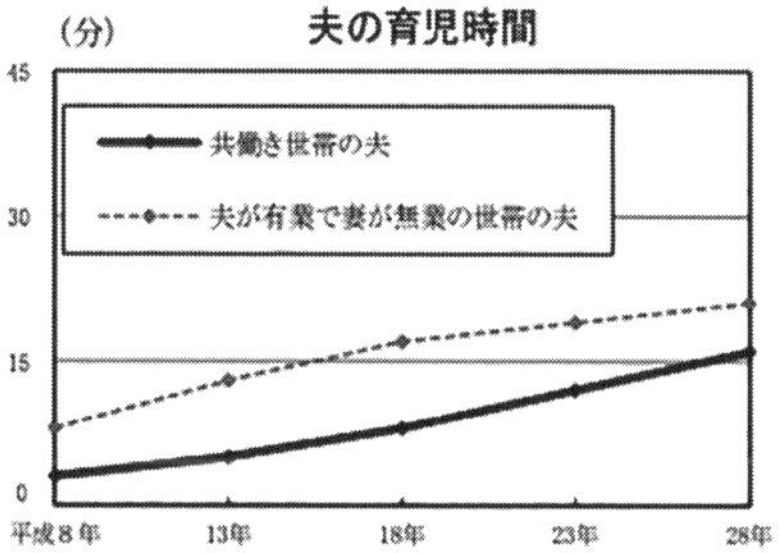

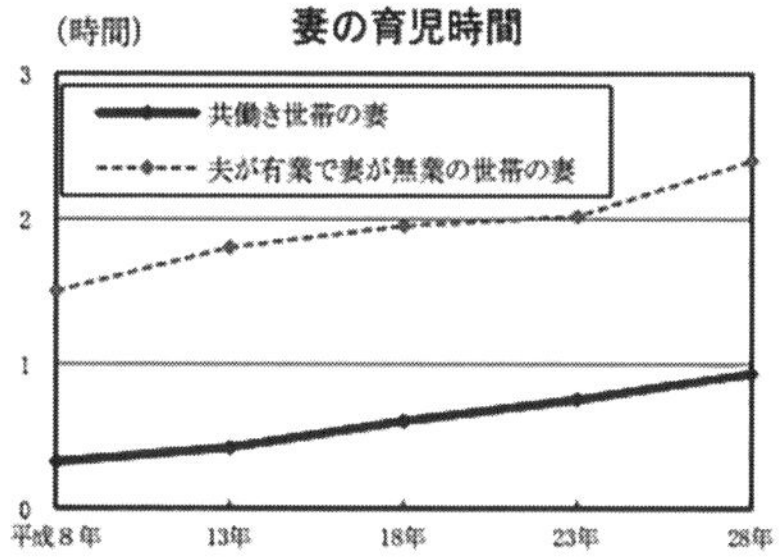

資料：総務省「平成28年 社会生活基本調査」

左のグラフでは、共働き世帯と専業主婦世帯の育児時間を比較しています。ここでも男性の縦軸の時間は、ともに30分を大きく切っています。妻の育児時間で顕著なのは、「共働きの場合」は「専業主婦の場合」の半分以下しか、育児に関与できていないということでしょう。考えてみると当たり前の結果ではあるのですが、「仕事と子育ての両立」がいかに困難なことであるかが、この現状から読み取れないでしょうか。家事、育児ともに、男性が更に積極的に関わっていくことが期待されるのはもちろんですが、そこに「共同体的なネットワーク」が望まれるのだと、強く思います。

我が子と自分と、ダブルで生きる人生としての「子育て」

光嶋裕介さん
永山春菜さん
結衣ちゃん

子育てインタビューのラストは、凱風館を設計した気鋭の建築家である光嶋裕介《こうしまゆうすけ》さんと、凱風館の書生第1号を務める永山《ながやま》春菜《はるな》さんのご夫妻です。お二人のロマンチックな馴れ初めから、結婚、出産、そして光嶋さんのアツい子育て論まで飛び出したロング・インタビューになりました。ラストでは、ちょうど保育園から帰ってきたお嬢さんの結衣《ゆい》ちゃんも、ちょっぴり参加してくれました。

夫　光嶋裕介さん
1979年、米・ニュージャージー州生まれ。建築家・一級建築士。神戸大学客員准教授。2002年、早稲田大学理工学部建築学科卒業。2004年、同大学院修士課程修了。2004〜08年、独・ベルリンの設計事務所［ザウアブルッフ・ハットン・アーキテクツ］に勤務した後、2008年に帰国して［光嶋裕介建築設計事務所］を主宰。著書に、凱風館の成り立ちを綴った『みんなの家。建築家一年生の初仕事』（アルテスパブリッシング・2012年）や、『ぼくらの家。9つの住宅、9つの物語』（世界文化社・2018年）などがある。公益財団法人合気会弐段。

妻　永山春菜さん
1986年、兵庫県高砂市生まれ。合気道家（公益財団法人合気会四段）、凱風館助教。2008年、神戸女学院大学卒業後に［合気道高砂道場］を主宰、現在も継続中。2011年より、凱風館の書生（1号）を務める。

家事は「ギブ・アンド・テイク」の遠距離時代

――お二人の馴れ初めは、凱風館が立ち上がった初期の佳話の一つだと思っているんです。ある朝、永山さんが道着姿で凱風館の前をお掃除されていた。朝陽に浮かびあがったその姿を光嶋さんがご覧になって、「なんて美しいんだ……」と感動して、「お嫁さんにしたい！」と猛アタックしたんですよね。

永山春菜さん（以下、敬称略）（微笑）

光嶋裕介さん（以下、敬称略） その頃、まだ僕は合気道を始めていなかったんです。『みんなの家。建築家一年生の初仕事』という本にも書きましたけど、ご縁があって内田先生と出会って、建築家としての初仕事が、先生の自宅兼道場という栄誉に授かることになった。そして何度も打ち合わせを重ねて、凱風館を設計して建てたわけです。

設計の過程でも、頭ではなんとなく分かっていたんですが、「ここがほんとにみんなの家なんだなぁ」っていうことを実感したのは、彼女のその姿を見た瞬間とも重なっているんですね。「こうやって、みんなでこの場所を守り、稽古をしているんだなぁ」って。漠然とした「みんな」ではなく、顔の見える「みんな」であるということが。そこに、私も仲間入りすることになるんですけど。

――凱風館が建ってから合気道を始めたんですか。

光嶋　そうです。凱風館が２０１１年の11月に完成して、翌月の12月に入門しました。

——じゃあ合気道に関しては、永山さんが大先輩。

光嶋　大大先輩です。凱風館に入門してすぐの、２０１２年のお正月に凱風館で行われた「第一回 ちはやふる大会（百人一首）」に、私たちがペアで参加して。以来この大会には、二人揃って皆勤賞です。その後、３月４日から結婚を前提として正式なお付き合いを始めて、ちょうど１年後の２０１３年３月４日に入籍しました。結婚式はそれから半年後の９月29日に、神戸女学院のソールチャペルで。それ以来、凱風館のありとあらゆる行事に、一緒に参加していますね。

——永山さんの、光嶋さんに対する第一印象は？

永山　正直、あまりよく覚えていないんです。凱風館を設計した建築家の方なんだなぁ……というぐらいで。

光嶋　僕は「そういう感じ」も含めて、彼女で良かった、間違っていなかったと思っているんです。「建築家ってなんかカッコいいやん、素敵な仕事をしている人」みたいなところで気にかけられたり好かれたりするのは違うだろう、と。本人を前にして言うのもなんですけど（笑）、彼女はとにかく常に自然体で。僕がグイグイとアタックするのを、次第に受け入れてくれたような感じです。

——今のこのお住まいには、何年ぐらい？

光嶋　丸6年ですね。２０１３年の入籍とともに、二人でここで住み始めたので。

──お二人で住み始めて、ここで結衣ちゃんが生まれて。

光嶋　そうです。入籍する1年前から付き合ってはいましたが、その間は遠距離交際で。僕は東京の目黒に、彼女は神戸の御影で小さなマンションに住んでいました。

──御影だったら、凱風館まで歩いて通える距離ですね。

永山　歩いて15分ぐらいでしたね。神戸女学院には高砂の実家から通っていたので、卒業後数年して、凱風館の書生になることが決まってから実家を出て、御影で一人暮らしを始めたんです。

──遠距離交際からご入籍されて、ご結婚当初もまだ遠距離だったんですね。

光嶋　僕は当時、東京の大学で助教という肩書きで専任として教えていたので、月曜から金曜までは東京にいないといけなかった。それで週末には神戸に戻っていたので、週末婚みたいなかたちで最初の2年間は過ごしていました。結婚する時に、「２０１５年の春で東京の大学の任期は終わるので、そうしたらこっちをベースにできるから」と言って。だから結婚する時にここを借りたんですけど、ずっと一緒に暮らせるようになったのは、住み始めて3年目の２０１５年の春ぐらいからです。

永山　だから結婚はしていましたが、最初のうちは、ここにも「お客さんとして来る」って感じだったんです。ここは私のお家で、そこに光嶋さんがお客さんとしてやって来るみたいに。

光嶋　僕にしてみれば2拠点生活みたいなもので、目黒がホーム、こっちはアウェーみたいな（笑）。今も目黒に自宅兼事務所があるのですが、そこでは炊事や洗濯も全部一人でやっていますから、ここに「帰ってきた時」は迎えてもらおう、と。

永山　炊事もちゃんとしているの？

光嶋　あ。東京では外食が多いから、実は炊事はあんまりしていないか……。

――一人だと外食になりがちですからね。

光嶋　いずれにしろ、学生時代から一人暮らしには慣れているので、別に家事全般はなんの不自由もなくできるんですけど。でもここに帰ってくると、それをオフにさせてもらっているって感じでしたね。

――光嶋さんは手料理が自慢で、お家に友達が来た時には料理を振る舞って……という話を聞いたことがあります。

永山　誰かが来た時にはお料理をして、「家事ができる」というのをアピールするんですよ。で、後片付けは全部、私の仕事になる。

光嶋　ええカッコしいの僕が、得意のアボカドサラダやポルチーニのクリームパスタとかを作っていると、あたかも「毎日やるの？」ってツッコミが入る（笑）。で、「料理を作ったのは僕だから、後片付けはお願いします」って。そこはギブ・アンド・テイクですよね。

永山　人前ではいつもおいしいところを、全部持っていくんです（笑）。

――私は永山さんのツイッターのファンなんですけど、夫婦間の微妙なズレについて、いつも絶妙のタイミングでツイートしてますよね。光嶋さんのツイートに、抜群のツッコミを入れたりとか（笑）。お家でもそんな感じで、お二人でお話ししているのかな、とか想像しますけど。

永山　私は普段通りで、ツイッターでもあまり変わらないです。光嶋さんはツイッターでは、たぶん猫をかぶっています。返信するのも、なんだかオフィシャルな感じで。

一同　（笑）

――永山さんは、女学院を卒業するまでご実家にいたのなら、家事はそんなにしなくてもよかったのでは？

永山　そうですね。

――一人暮らしをするようになって、急にいろいろしないといけなくなった。

永山　自分のことはもちろん、週末にやって来る光嶋さんのことも。

光嶋　家事の中には、毎日の道着の洗濯もあるので。

――道着は何着もあるのでは？

永山　もちろん何着もありますけど、やっぱりいつもキレイな状態でないと。

光嶋　僕なんかは2、3回なら洗濯しなくても大丈夫だと思うんですけど、「私が洗うから、全部出せ」って。

昇段審査を終えて、落ち着いて出産へ

――光嶋さんの東京の大学の任期が終了して、お二人でこのお住まいで落ち着いて暮らすようになってから、わりとすぐに「子供が欲しいね」みたいな感じになったようですが、どちらかから言い出したのでしょうか？

永山　そこは自然な感じだったんですけど、私が合気道の四段の昇段審査を受けさせていただくタイミングでもあったので、昇段審査が終わって落ち着いてからって。

光嶋　ちょっと説明しますと、四段の昇段審査は、師範やみんなの前で実技するというかたちの審査の最後なんです。凱風館では春と秋に昇段審査があるんですけど、合気道の世界ではすごく大切な節目であって、それより上段の五段や六段、七段というのは、師匠から肩を叩かれて昇段することになるので、実技審査というのはなくなるんです。

永山　2015年の3月に四段の審査があったんですけど、そのタイミングで妊娠していたら、審査は受けられません。だから、それまでは妊娠したくないって言ってました。

――そして無事に四段になった。次はいよいよ子供です。

光嶋　そういう意味では、計画通りの出産でしたね。僕は「結婚する」となった時に、自分の両親や自分の育った家庭しか知りませんでしたから、自分の育った環境と同じようにやっ

ていくつもりだったんです。

僕の父親は大手の家電メーカーのサラリーマンでしたが、高度成長期だったので海外でブイブイ言わせながら、バリバリ働いていました。父が仕事の関係でアメリカに赴任していたので、僕はニュージャージー州で生まれましたし。一方で、母親は専業主婦なので常に家にいてくれて、英語はあまり話せませんでしたけど、家のことはもちろん、子供の送り迎えとか、必死に頑張ってやっていました。僕はそんな環境で育った男ばかりの3兄弟の真ん中ですから、とにかく結婚に関しては自分の親、つまりは父親のやり方、父が平社員時代に社長秘書だった母親を口説いて結婚したというストーリーも知っていたので、「理想の女性をゲットして家庭を作る」というところから、父と同じスタイルでいきたいと思っていたんです。

――お母さんは社長秘書だったんですね。

光嶋　社長秘書で、テキパキ仕事をする人だったようです。父がそんな母に一目惚れして、猛アタックで口説き落として結婚したと聞いていたので。僕もとにかく、大人としてしっかりしないと結婚できないって、ずっと思っていました。彼女と出会った時に、「あ、この人だ」と思って結婚したので、すぐに家族を作りたくて、最初から「早く子供が欲しい」と思っていました。

こと子供に関しては、自分が男ばかりの3兄弟でしたから、やっぱり息子が欲しい、僕が父親にしてもらったことを自分の息子にもしてあげたい、という思いがとにかく強くありました。だから結婚当初から「息子が欲しい」って、いつも言ってましたね。「でも結婚当初は週末婚みたいなかたちだし、子供はずっと一緒に暮らせるようになってからやなぁ」とか言ってて。

それで2015年の春に、台湾で僕の本が翻訳されることになって、二人で一緒に台湾に旅行に行ったんですけど……。思えばその時には、既に妊娠してたんだよね？

永山　うん、そうですね。台湾では出版社の方々に美味しい料理を振る舞ってもらったんですけど、あまりお酒が進まなくて、おかしいな？って感じていたんです。

――妊娠した時は「子供ができました」って、すぐにお話しされたのですか。

光嶋　彼女は自然に任せていたので。「毎月来るはずのものがちょっと来ない……」という話を聞いて、「よっしゃあ！」って（笑）。すぐに僕が近所の薬局へ走って、妊娠検査薬を買ってきて、「はい、これで調べて」って。

――さすがの前のめり（笑）。子供ができたとはっきりと分かった時は、どんな感じだったんでしょうか。

永山　正直、実感はなかったですね。月のものが来なくて、すぐに調べてみて反応が出たので、産院に行って診てもらったら、「できてますよ」って言われたけど、まぁまだ……。でも、それから2週間ぐらいしてから、すごく体調が悪くなったんですよ。それで、「あ、ほんとにできたんだ！」ってようやく自覚して。

――体調が悪くなったっていうのは、つわりとか？

永山　もうとにかく、つわりがひどくて。お稽古に行ったり、一応は普通に過ごしていましたけど、ずっと吐き続けていたので、ご飯が全然食べられなかったり。このままだと自分はどうなるのかなぁって思って。でも、道場の仲間にお医者さんもたくさんいらっしゃって、相談したらすぐにその先生のクリニックで診てもらえたりして、ちょっと安心しました。

光嶋　とにかく体調がへヴィなのは明らかだったので。さっきの話に戻りますけど、それまでは友達を家に呼んで、僕が料理したら「俺が作ったんやから、皿洗いは春ちゃんね」っていうギブ・アンド・テイクな感じが夫婦の間にずっとあったんですが、妊娠してつわりがひどくなった時期から、「あ、これはあかんわ」って。彼女の身体とお腹にいる赤ちゃんとを、フラジャイルな――脆《もろ》い、か弱いものとして扱わなくてはいけなくなった。彼女の体調が不安定だからって、「今日は俺がメシを作ったんだから皿は洗ってくれよ」とか、「俺が洗濯したから畳むのはお願いいね」なんて、ギブ・アンド・テイクではダメだとはっきりと感じました。

大事なのは、母胎をケアしながら、お腹の中の赤ちゃんがしっかり育つこと。家事を分担したり、交換したりするのではなく、ただただ弱い者に寄り添うこと。レンタカーを借りて一緒に産婦人科に行ったりするのは、もう当たり前のことでした。今になって思うのは、妊婦のサポート段階から、子育てを10カ月間練習しているっていう感覚がありましたね。そうなると、もはや息子が欲しいっていうのも、自分の勝手な妄想でしかなくて。いざ生まれたら、こんなに小っちゃい、か弱い存在の愛すべき赤ちゃんが……。

――赤ちゃんって、ほんとにフラジャイルですからね。ご出産は高砂のご実家に戻らずに、近くの病院を探されたのですか。

永山　神戸の大学病院でした。

光嶋　出産の立ち会いはしていないんです。帝王切開だったので、待合室でひたすら待ってましたね。待合室は階が違ったので、ずっとエレベーターの前でそわそわ待っていて、扉が開く度に「あぁ、違う違う」って（笑）。彼女はその時はもう身体がボロボロだったので、生まれてきた結衣ちゃんを抱っこしたのは僕の方が先です。

永山　手術室には自分で歩いて入って、15分ぐらいで産まれたんですけど、産んでから丸一日、吐き気がおさまらなくて完全にダウンしてしまって。もう、人生で一番しんどかったです。産まれた直後に看護師さんが赤ちゃんを見せて、私の左頬に赤ちゃんの右頬をくっつけてくれて、嬉しくて涙したんですけど……。その後は嘔吐が続いて苦しくて、赤ちゃんに会おうとも思えなかったんです。

光嶋　11月13日の朝に結衣ちゃんが生まれて、彼女が初めて抱っこしたのは、翌日の14日の朝です。13日は丸一日ぶっ倒れていて。僕が持っていた母親のイメージだと、生まれてすぐにいきなり母性満開で、おっぱいをあげて……とか思っていたんですけど、全然それどころじゃなくて。「春ちゃん、会わなくていいの？　めっちゃ可愛いよ」って言ったんですけど。

――永山さんはとてもじゃないけど、赤ちゃんのことを考える余裕なんてなかった。

光嶋　僕はもう「うわぁ小さいなぁ、めっちゃ可愛いなぁ」って親ばかモード全開。で、看護師さんに「じゃあお父さん、最初の10㎖あげてください」って言われて、僕がミルクをあげて。

まぁ、つわりがひどかった頃から、彼女は痩せ過ぎで。普通は子供の分や羊水などで、全体的に太るじゃないですか。でも体重がほぼ変わらなかったし。つわりがひどかった頃に痩せ過ぎだったから、生まれる前もお腹だけはぽっこりしているのに、ほとんど妊娠前の体重のままだったんですよ。

生まれてからもあまりに心配だったので、「2カ月でも3カ月でも、高砂の実家に帰っていいよ」って言ったんですけど……彼女の希望もあって、産後1週間で退院したら、もうすぐにここで子供と三人の生活が始まりました。

胎名「凛ちゃん」が、生まれてみたら「結衣ちゃん」へ

――女の子が生まれて、名前を付ける時はお二人で相談しましたか。

永山　いろいろ話し合いました。いいなって思うのがあれば書き留めといて。

――出生届を出すのは、産まれて2週間以内でしたっけ。

光嶋　そうですね。病院では「光嶋春菜ベイビー」って、お母さんの名前でした。

永山　生まれてくる前までは「凛《りん》ちゃんって名前がいいね」って、お互いに言ってました。エコーで見た感じも、鈴みたいだったので。「漢字一文字がいいよね」とも言っていたから、お腹にいる時はずっと「凛ちゃん」って話しかけて。でも生まれてきたら、顔が全然「凛ちゃん」って感じじゃなかったんです（笑）。

光嶋　当時ちょうど、ASIAN KUNG-FU GENERATION《アジアン カンフー ジェネレーション》のステージデザインの仕事をしていたので、一緒に北海道に行った時にもお腹の中の赤ちゃんにアジカンを聴かせて、「凛ちゃん、ゴッチ[*注1]やで」って（笑）。そんな風に話しかけて、胎教していました。でも生まれた翌日に、遂に赤ちゃんと初めて一緒に家族水入らずで対面して、じっと見詰めていたら……お互いに見合って、「ん？ なんだか凛ちゃんとは違うなぁ」って。

――顔のイメージが違ったんですか。

永山　イメージというか、何かもう、全然違った。

光嶋　なんだか「凛ちゃん」ではないって。

――「こんな子」というような画像が、なんとなくお二人の間で共有されていたのでしょうか。

永山　いや、顔までは想像していなかったんですけど。

――でも「違うよなぁ」というところで意見が合うっていうのが……。

光嶋　そう、二人で一致したんですよ。これはなんだか違うなぁって。

――それで「結衣ちゃん」に至るまでには、ちょっと考え直そうって。

光嶋　でも結構早かったよね。

永山　早かった。お互いに好きな漢字を出し合って、漢字一文字っていうのがなんとなくあったので、「結」って字がいいよね、となって。最初は「結」の一文字で「ゆい」ってしようかと思ったんですけど、漢字で「光嶋 結」って書いてみたら、これもちょっと違うかなと思って。

光嶋　漢字の字面が違うかなって。占いとか、姓名判断に見せたとかじゃなくて。

――お二人のお名前も、四文字ですしね。

永山　じゃあ「結」に「衣」を付けようかって、わりとすぐに決まりました。

光嶋　私たちは合気道で結ばれましたし、合気道というのは二人一組でやるので。技をかける方と受ける方と、その接触点である結び目を「気の結び」と言うんですが、彼女にもご縁を大切にして、人と人を優しく結びつけるような人間に育って欲しいという思いを込めました。それが「結」の語源です。

――結衣ちゃんが大きくなって、いつかのタイミングで、「私の名前はどうしてこの漢字なの？」って訊かれた時に、かなり明確に説明できますね。

光嶋　説明できます。周りの同世代は子供が生まれる時、みんな画数を見てもらったりしていますけど、うちはそういうのを全くしていない。「凛」も「結衣」も、全く見てもらってはいないです。もちろん内田先生に名付けてもらおうかなぁ、という気持ちもどこかにあったかもしれませんけど、二人で納得して「凛ちゃん」って言い始めた時から、「これは親としての僕らの大切な最初の仕事や」って思って。あと結衣ってイニシャルはYなので、頭文字が「Y.K」で僕と同じになるのも嬉しかったり。

――そこも自分寄りにグイグイ、なんですね（笑）。

なるべく預けたくなかったけれど、やっぱり保育園に

――光嶋さんはお仕事の関係で、今も東京にお出かけになることが多いので、やはり子育ては永山さんがメインになりますよね。

光嶋　そうですね。僕は9時から5時までみたいな定時の仕事ではないし、自宅でも建築設計はもちろん、絵を描いたり、本の執筆などもありますから、ずっと何かをしている感じにはなります。それでも、結衣が生まれた時から、ここで三人で暮らして育てるのは特別な時間だなぁっていうのは感じていましたから、家族と一緒にいる時間は大切にしています。

――永山さんは産後、体調が大変で、痩せて栄養が足りなかったということですが、おっぱいは普通に出ましたか。

永山　出にくかったので、ミルクも併用していました。搾乳するほども出なかったので、ミルクの率もけっこう高かったです。

――ミルクと併用してた分、乳離れも早かったり？

永山　そうですね。

――母乳だけで育った子供は、乳離れのタイミングが難しいというお悩みもありますからね。結衣ちゃんは好き嫌いはありませんか。

光嶋　基本、何でも食べますよ。

永山　まぁその日によって、「今日はニンジン食べない」とかは言いますけどね。ちょっと気分屋さんなんです。

光嶋　ほんと気分屋ですね。「青いものが嫌だ」って言ってたと思ったら、サラダしか食べないような時もありますし。その時は、ピエトロのドレッシングが美味しかったんだと思いますけど（笑）。でも好き嫌いが少ないのは、楽ですね。

――お二人も、食に関して好き嫌いはない方ですか。

永山　私はないですねえ。

光嶋　僕はキウイフルーツだけがダメなんです。酸っぱいのが苦手で。結衣はそれを、嬉しそうにペロペロと食べるのですが……。

――結衣ちゃんは病気もあまりしないみたいですね。

永山　ほとんど熱とかも出なくて。よく「お子さん、熱が出たから」って保育園に呼び出されたりという話を聞くのですが、そういうのが一度もなくて。

――すごいなぁ。それは珍しい。

永山　ただ、皮膚がちょっと弱くて。夏はかぶれて、冬になると乾燥して掻《か》いちゃうので、それが原因でヘルペスとかにはよくなっていました。

――小さなお子さんは皮膚病だとどうしても掻いちゃうので、広がりますからね。今は少し落ち着きましたか。

永山　かなり落ち着きました。皮膚科の先生からは、「肌にあまり油分がないので、保湿クリームをしっかり塗ってあげてください」って。

――乾燥肌なんですね。

永山　私はそんな感じではないんですけど……。

光嶋　僕の方が昔から、乾燥肌なんです。

永山　結衣と同じ皮膚科に通っていますから。

光嶋　結衣と一緒に保湿クリームを塗りながら、「ちゃんと塗らなあかんで」って（笑）。これも遺伝でしょうから、ちょっと責任を感じています。

――体質の遺伝は仕方のないことですから。保育園に通い始めたのはいつ頃からですか。

永山　1歳になったのと同時でしたね。最初はすぐ近くの保育園に一時保育で預けていたんですけど、今は歩いて10分ぐらいの公立の保育園に移りました。

光嶋　僕の実家は母親が専業主婦で家にずっといましたから、うちもなるべく子供を預けないようにして育てたいなぁ、とは思っていたんですよ。でもそれだと彼女の負担が重くなるので、やっぱり保育園に預けるようにはなったんですけど。

――今通っている公立の保育園に、最初からは預けられなかったのでしょうか。

永山　待機とかはしていません。二人で相談して、「ちっちゃい頃から毎日、保育園に預けるのはどうだろう」ということで、少し様子を見る意味もあって、一時保育の扱いにしていたんです。凱風館や高砂の道場に行く時など、どうしても預けないといけない日が、週に何日かはありますから。で、このマンションの横にある保育園に尋ねてみたら、「一人ぐらいなら預かることができますよ」って言ってくれたので。でも時々しか行かないから、やっぱり保育園には馴染めなくって、しょっちゅう泣いていましたね。

――今の公立の保育園は、長い時間見てもらえるのですか。

光嶋　6時半まで見てもらえます。最初に一時保育で預けた保育園は私立なので、週3回で数千円払っていました。でも今の保育園は神戸市東灘区の公立なので、長い時間預けられてお金も安いし、お稽古の後に迎えに行ったり、柔軟にできるということで。

――送り迎えは永山さんが？

永山　送って行くのは私ですね。

光嶋　僕が迎えに行ける時は、迎えに行くようにしています。

永山　今は保育園にも少し慣れてくれました。でも週末ずっと一緒にいて、月曜日になるとちょっと泣いたりします。

自然に諦めた「帰国子女にしたかった」という想い

――結衣ちゃんが生まれる前から、光嶋さんには子育てに対してイメージとかビジョンのようなものはあったのでしょうか。

光嶋　やっぱり、「自分が育てられたのと同じように子供を育てたい」という思いが自然とありましたから。僕を育ててくれた光嶋家へのリスペクトというか、両親を心から尊敬しているので。

自分自身を振り返った時に、光嶋裕介という一人の人間としての自覚を持ったというか、物心がついたって思うのが、大体15歳ぐらいだったんですね。そこからは、兄も大学に行って、僕も高校で寮に入って、家族がどんどん離れて……。というふうに振り返ると、結局人生のたった15年の間しか、光嶋家って五人で一緒に住んでいなかったんだな、と思っていて。今は家族五人で一緒に暮らしているわけじゃないし、もう年に数回しか会わないし。だとすると、家族が一緒に暮らしたたった15年が、今の自分の人格の核になっているわけじゃないですか。そう考えると、家族でちゃんと一緒に過ごす期間がどれほどかけがえなく大事かっていうことに気づいたんです。

僕はずっと親の影というのか、そんなものを追っていたので。実は、「自分の子供は帰国子女にしたい」って、ずっとリアルに想像していました。僕はアメリカのニュージャージー州で生まれて、そこで英語を学んで、向こうの自由な文化を享受した。だから、「自分が与えてもらったのと同じことを子供にも与えてあげたい」って、若い時から思っていたんです。結婚願望もかなり強くて。今になって思うと、それは「自分の子供が欲しい、その子供を自分の焼き写しにしたい」、そんな家族像しか持てていなかったからかもしれませんが。

でも、こうして彼女と知り合って、神戸で結婚して、合気道も始めて、「あぁ、もう神戸はこれから一生住む場所なんだ」って、故郷のように思えたんです。凱風館はそれだけの存在だと。凱風館の周りには、「リアル似非《えせ》じいじ」や「似非ばあば」がたくさんいてくれるし。

僕自身のことを振り返ると、おじいちゃんやおばあちゃんに会いに行くっていうのは、アメリカから日本に一時帰国するという夏休みの特別なことでしたけど、凱風館には常日頃からいろんな方がいてくれる。大学の先生から、革職人さん、漁師さん、お医者さん、いろんな人達のコミュニティがある。子供の頃から結衣ちゃんに、この世界のいろんな「窓」というか、いろんな人がいるんだよってことをこうして見せてあげられるっていうのは、子育てのあり方の基本っていうか。だから、もう「自分の子供は帰国子女にしたい」って思っていたかつての希望は、良い意味で諦めることができましたね。帰国子女にはできなかったけど、家庭内で子育てを閉じ込めるのではなく、凱風館という大人の世界を見せることで、家族と社会が地続きであるということを自然と感じてもらって、集団的に子育てすることができることの喜びを感じています。

2015年に結衣ちゃんが生まれて、これから先15年ぐらいしか一緒に過ごせないかもしれないけれど、ならば彼女が羽ばたくまでの間、僕が仕事をしている背中も、お稽古している姿も見せてあげることで、僕を育ててくれた光嶋家よりももっとオープンな感じにできるかもなぁ、とも思っています。

――う〜ん、アツい思いがあったんですね。今の「お子さんを帰国子女にしたかった」っていうお話は、結婚する前や結衣ちゃんが生まれた時とかに、お二人でなんとなく話し合ったりしていたんですか。

永山　いや。今、初めて聞きました……。

光嶋　えっ！　言ってたつもりだったんだけどなぁ。

――ダハハハハ（爆笑）。その感じ、分かります。今回の企画では、4組のご夫婦にインタビューしたのですが、「そうだったの？　貴方がそんなこと言うの、初めて聞いたわ」というのが、やたらと多くて。でもまあこういう機会じゃないと、なかなかご夫婦で改まって深く話し合うことも、ないでしょうからね。

光嶋　普段はもう「あれせなあかん、これせなあかん」という、日々のことで精一杯でして……。うちは結構、夫婦で日頃のスケジュール調整など話している方だと思いますけど、こんなことをこうやって改めて話すのは、意外と少なかったり……あるいは僕が話していても、彼女に聞き流されているかもしれないので（苦笑）。

――永山さんの方は子育てについて、具体的なイメージはありましたか。

永山　子供が欲しいとは思っていましたけど、子育てについてそんなにはっきりしたイメージはなかったですね。

――こうしてある程度、子育てを体験してみて、今改めて「結衣ちゃんにこうしてあげたい」みたいなことはありますか。自分の中での子育て論というか、ポリシーみたいなものが。

永山　うちはすぐ近くに凱風館や海運堂もあるので、すごく良い環境にいるなぁ、とは思っているんです。それもあって、結衣にこれからどんな習い事をさせるとか、どこの学校に通わせるとか、そこまで考えなくても、このまま今の環境にいれば、自分のやりたいことを自然に見つけて行けるんじゃないかなと思っています。

――結衣ちゃんがいずれ合気道をやってくれたらとか。

光嶋　それは二人でもよく話すんですけど、私たちが合気道をやっているので、彼女もやりたいという時が来たら……強要することは全くないですけど、そりゃあ、やってくれた方が嬉しいです。合気道に関しては、僕自身は32歳で始めて。凱風館を設計するまでは、兄と弟を含めて、家庭内の競争社会で育ってきたので。殴り合いの喧嘩もするし、兄が野球をやったら僕も野球をやるし、バスケをやったらバスケをやるし。

――それでご両親からも比べられて、兄貴はこうだけど、お前はこうだみたいな。

光嶋　そうです。兄は音楽に長《た》けていて、弟は歌がうまい、裕介は絵が得意とか、割り振られるんです。兄弟で競争していたので、比較することで自分の優位性を作っていた。

――コンペティティブなお家だったんですね。

光嶋　それが合気道に出合って、変わりました。初めは「審査って絶対合格するのよ」って言われて、「え？　じゃあ何のための審査なの」と思ったんですけど。比較しない、強弱勝敗を競わないって、こんなに気持ちのいいことなんだと、やっと気づきました。それまでの僕は、建築の仕事も含めて、自分の諸先輩が本を出したり、作品が雑誌とかで評価されると、どこか自分と比べて、嫉妬してたんですよ。

――この人がこの年齢で成し遂げたことが、私はできていないとか。

光嶋　そうそう。「32歳で、もう世に出てるやん！」とか。そういうことに対していちいち嫉妬してたんです。合気道を始めて、「人にはそれぞれに人生の波があって、それを個々人が一つずつ掴んで行けばいいんだ」ということ分かって、ずいぶん肩の力が抜けました。そういうことを受け入れるっていうことが、僕にとっての合気道の入口だったように思います。

　合気道では門人たちから道場のみんなによく差し入れをもらうんです。僕が小学校の時に野球をやっていた頃は、差し入れをもらったら、一つでも多く欲しいってみんなで取り合って、たくさん持って帰ったけど、凱風館で合気道をやっている子供たちは、みんなでちゃんと分け合うというか、強弱勝敗で取り合うんじゃなくて、譲り合う余裕が身に付いているんだなぁと、見ていてほっこりします。

自分と子供と、二つの人生を同時に生きる

――どんな時に、子育ての難しさを実感しますか。

光嶋　娘が生まれるまでは「生まれたらああしたい、こうしたい」というのはありましたが、いざ生まれたら、全然その通りにはいかないので。オムツを替えるの一つでも、いざ結衣ちゃんがぎゃあぎゃあって泣いちゃったら、「あー、俺では無理、春ちゃんお願い！」ってなりますから。父親としての無力感に苛《さいな》まれますね。

――お母さんじゃないとダメな時ってありますからね。

光嶋　圧倒的にそうですよね。それは母親の凄さであったり。今ではもう娘も喋れるようになったので、一人の小さな人間なんですよね、完全にコミュニケーションできるので。でも言葉を喋れなかった2歳くらいまでは、想像していたのと全然違いました。赤ちゃんってもう圧倒的にフラジャイルな存在だし、全然思い通りにはならない。言葉で情報の交換ができないけど、無償の愛というか……。

僕は今まで、「人はどんなことでも、情報交換できるんだ」という風に思い込んでいた節が

あるんです。設計の仕事なんて情報交換だらけだし。建築設計で何かを造るっていうのは、設計料をもらう仕事という部分だけじゃなくて、それを超えるところがないとダメだと僕は常々思っています。でもそれってあくまで、言葉がベースなんですよね。ところが現実に子供を授かって、いざこうして目の前のフラジャイルな存在をデフォルトにした瞬間に、「あぁ、結局は教えてあげるんじゃなくて、教えてもらっているんだなぁ」という感覚が強くなって。だから結衣の中に自分の何かを見ることで、自分が改めて学ばせてもらっているっていうか。

――自分の枠組みを変えないといけません。

光嶋　昨日、初めて結衣とスキーに行ったんです。僕にとっての人生初めてのスキーは中学生でカナダに行った時で、「あぁ、あの時はめっちゃ怖かったなぁ」というのを思い出したりするんです。でも昨日、結衣は抱っこされながら、スキーをめっちゃ楽しんでいて。こうやって彼女の人生に寄り添うことで、僕なりにダブルの人生を生きているのかなぁって。もちろん今も、光嶋裕介としての人生も生きているんですけど。

春ちゃんと結婚したからといって、僕は「永山春菜を生きる」ということはできないですよね、もちろん。でもこうやって子供が誕生すると、自分と子供の両方の人生を生きているような感じというか、うまく言えないですけど……。

――小さい頃は、特にそういう感じですよね。

光嶋　結衣が生まれるまでは、いろんな意味で「強い人間」をベースに、「光嶋裕介」を作ってきたつもりですが、こうしてめっちゃフラジャイルな「光嶋結衣」に自分をあわせることで、さっきの他人と比べて嫉妬したり、妬《ねた》む想いとか、こうであらねばならないという固定観念のようなものがどんどん崩れて、自分の価値観が広がりましたね。脆さや弱さをデフォルトにすることで、何か別の豊かさが生まれてきたというか……。もちろん決して思っていた通りにはならないんですけど、そこから豊かな何かが出てきているような実感があります。それが予定調和ではない、「子育て」についての今の時点での想いです。だから今は、瞬間瞬間が愛おしくて、この取り返しのつかない特別な時間がもう楽しくてしょうがない。

――光嶋さんが今アツく語っていたことについて、永山さんはどうですか。

永山　いやぁ、そんなこと思ってたんやなーって。なにか凄いなぁって。私はあまり理屈じゃなくて、結衣がまだ喋れなかった時に、私がトイレに行きたくなったら結衣もおしっこをしたがっていたりとか、自分がお腹がすいたら結衣も同じようにお腹すいてるって、結衣と完全にシンクロすることが多かったのが面白いなぁ、と思っていました。

――それは男親には、なかなかできない経験なのかもしれませんね。

光嶋　きっと合気をしていると思うんですよ。お互いに「気を感じている」というか。

――子供がわーっと泣き出した時、パパは何で泣いているか分からないけど、ママは「今はこれよ」みたいにすぐに分かったり。

光嶋　もうこっちはあたふたと動じますよね、「うわー、どうしよう」ってなります。そんな時も、彼女は「まぁまぁまぁ」って至って冷静なのが凄いな、ということが多いです。

――合気道をやっているから、そういう感受性が一般の女性と少しは違ったりするとか、思ったことはありますか。

永山　うーん。合気道をやっているから、強く感じられるのかな？という部分はたまにありますけど。でも私は、「合気道をやっていない自分」を生きていませんから、本当のところはよく分からないですね。

――ずっと合気道をやっているから、「合気の感覚が入っている」というのが普通なんですね。とはいえ、「これは困ったな、どうしようかな」っていうようなこともあるはずで。

永山　まぁ、日々いろいろあるんですけど……今朝も、昨日まで連休だったので3日ぶりの保育園だったから、「家で遊びたい」ってグズッて。朝、目が覚めてから完全に覚醒するまではなんとなくボヤ〜っとしているので、テレビでアンパンマンを見てたりして。「アンパンマン見終わったら保育園に行こうね」って言ったら、「うん」って素直に応じてくれていたんですけど。いざ見終わったら、今度は「おうちで遊ぶ」って言い出して。「さっき保育園に行くって言ったでしょ！」、「やだ。違う」ってなって。

――そういうレベルのことは、これからもどんどん出てくるでしょうね。結衣ちゃんがまだお話しできなかった時に、手に負えないみたいなことはありましたか。

永山　夜泣きが結構ひどい時期があって、こっちも寝られないし……。光嶋さんが家にいる時は、助けてもらいました。

――夜泣きの時も、一緒に寝ているんでしょ?

光嶋 川の字に寝ています（笑）。

永山 一緒に寝ていても、彼は絶対に気づかないんですよね。「こんなに泣いてるのになんで?」って。わざと寝たふりをしているのかなと思って、蹴ったりもしたんですけど。

――（笑）

永山 朝起きて、「よくも昨日は寝たふりしてたな〜」って言ったら、「え、何が? 昨日は全然泣いてなかったよね」とか言うんですよ。本当に気づいてなかったみたいで……。

――そんな時は、夜泣きしている結衣ちゃんよりも、光嶋さんに腹が立つわけだ。「あんなに泣いているのに、あなたはガァガァ寝て」って（笑）。

永山 もうイライラしてしまった時は、叩き起こします（笑）。パシパシッて叩いて起こした時が、何回かありました。そうしたら仕方なく結衣を別の部屋に連れて行って、あやしてくれたりして。そんな時期があって、2、3カ月わりとマシになったと思ったら、また夜泣きが出てきたりとか……。今もたまにあるんですけど、もう夜泣きというよりは寝ない、寝るのが遅いのに困っています。

――この前、凱風館に一緒に来ていた時も、帰る時に「帰りたくない」って激泣きしてましたよね（笑）。

光嶋　まぁ大体、駄々をこねるのは眠い時なんですよね。そんな時、僕はいつもモノで釣ろうとするので。「はいはいはい、ジュース買ってあげるから」って。

――安易なあやし方（笑）。

光嶋　僕はせっかちなので、いつも「早よ早よ」って。あくまでも事前に予定を立ててそれを遂行するっていうのが強者の論理だったから。今でもまだ、それが出てくるんですよね。

――パパとママと、お二人が違う感じで子供と向き合っているっていうのは、たぶん良いことなんでしょうね。そんな時に子供は、「今はこっち」って、しっかり見てますから。

習い事も、やっぱり〝本物〟を教えたい

――合気道のお稽古の時に、結衣ちゃんを連れて行くこともあるのですか。

永山　結構連れて行ってますね。内田先生が指導していらっしゃる時はいつも通り私に甘えてくるんですけど、私が指導している時は絶対に「ママのとこいく」とか言わずに、更衣室で遊んだり、道場で正座して見守ってくれるようになりました。

お能のお稽古にも時々連れて行くんですが、師匠の下川先生にお稽古をつけてもらっている間は、下川先生の奥様が結衣ちゃんを見ていてくれているんです。もう、孫のように可愛がっていただいて。で、お能のお稽古の時には、彼女の目の前でママがめっちゃ怒られながら、

必死に謡《うた》っているんですよ。母親のそういう姿を子供が目の前で見るっていうのは、すごく良いことだと思っているんです。私自身は、自分の親が何かを習っている姿や、怒られているところを見たことがないので。

――親としてではなく、「生身の人間」としての姿を、子供に見てもらっているわけですね。お能は習い出してから長いのですか。

永山　妊娠してから始めました。つわりがちょっとおさまったかなという時期に、内田先生が「若い人もお能の稽古に通いやすいように」とカルチャークラスを提案してくださって。

光嶋　お能を始めたのも、何か明確な目的があったわけじゃなくて。合気道を続けていることも、三段や四段になるっていうのは個人の目標ではあるんですが、それが全てということではないんです。例えば、「ダイエットのためにジョギングをやっています」っていうのであれば、目標を達成してしまうと終わりじゃないですか。でも合気道はそういうものじゃなくて。佐藤さんのインタビューの中で、「合気道で身に付けたことを、医者として活かしている」というようなお話をされていたのですが、本当にその通りだなぁと思います。合気道で体得したことを、個々人がそれぞれの場所に持ち帰るっていう。

――道場の中で完結するのではない、という。

光嶋　内田先生の合気道の師匠でいらっしゃる多田 宏先生が常々おっしゃっている「道場は楽屋である」という考え方が、僕は凄く好きなんです。漁師さんであろうがパン職人であろうが、誰が合気道をしても、道場の外で「それぞれの道での合気道のあり方」というのがあると思うんですよ。そうやって深く考えたら、それは仕事じゃなくて、生き方のことで。日々の子育てにも合気道がなにかしらの……単に技がうまくなるとかではなくて、他者への想像力とか、そんなところに合気道が活きているのかもしれないし。それを夫婦で共有しているっていうのは、大きいと思います。

――習い事の話に戻りましょう。合気道以外でも、結衣ちゃんにこんな習い事をさせようとか、相談していますか。

永山　私の母がバレエを習っていて、もう60歳なんですけど。母の発表会を結衣と一緒に見に行った時に、「私もやりたい」って言ってました。

――身体を使う方はバレエと合気道。体操とかはどうですか。

永山　結衣はすごく身体が柔らかくて、たぶん同じ歳のお子さんたちと比べても柔らかい方だと思うんです。筋肉がすごく付いているんですよね、自然に。だから体操とか習わせたら頑張りそうだな、とは思っていますけど。

――光嶋さんの「子供を帰国子女にしたい」というかつての願望もあるので、やっぱり英語は習わせた方がいいとか。

光嶋　僕はともかく、なるべく若いうちからなんでも本物に触れてもらいたいなぁ、と思っていて。言葉もそうですが、ピアノとか楽器にしても。となると、日常生活の舞台となる「自邸を早く建てろ」って話になるんですけど（苦笑）。

――建築家にとって、自邸は一つのショールームのようなものですから。

光嶋　そうです。やっぱり空間として考えていることを実践するということにおいては、建築家の自邸が一番説得力がありますから。寿司職人がコンビニ弁当を食べていたら、嫌じゃないですか（笑）。洋服のデザイナーは自分で着る洋服をデザインしてほしいし、建築家はやっぱり自分の家を造るべき、というのはあるんですけどね。

とはいえ、僕の建築の師匠は、「家族の仕事でデビューするな」ということをおっしゃっていて。自分の家族はクライアントとしては一番甘くなってしまうと。厳しさがないと絶対に良くないから、お金のことも含めてって。最初は父が定年退職したら、両親のための別荘とかを作ってみようかなみたいなことは思っていましたけれど、師匠の意見を聞いて、「あかんあかん、それでデビューしたら」って思って。だから、自邸については建てるチャンスを大切にとっている、という感じですかね。そのためにコツコツ貯金して、子供がもう少し大きくなったらそろそろ……というタイミングがあるのかと。

永山　私は早くしてほしい、と思っていますけど（笑）。

光嶋　まぁそう簡単には……もうちょっと待っててね。頑張るから。

凱風館や仕事関係の方々の家の設計を幾つか手がけて、みなさんが実際に家を建てる時に、「あれ？　なんで私たちは家賃を払ってるの？　自分たちの家が欲しい」という考えになるのは、よく分かるんです。僕が手がけた物件では、最近では九州に完成した「群草庵《ぐんそうあん》」という物件と、去年長野に完成した「森の生活」という住居があって、落成した時には家族で一緒に見に行きました。「森の生活」の方はお施主《せしゅ》さんがリンゴ農家で、設計をしている間もリンゴ狩りに招待していただいたり、家族ぐるみで同世代の友達みたいな感じでお付き合いいただいて。

そんなことを見ていて、僕の設計への思いは分かってくれているのかなと思っているので、「いいなぁ、そろそろうちも自宅が欲しいなぁ」という気持ちは、僕も同じです。でも、家を建てるお金がいかに大変かって、日々教えながら待ってもらってます（笑）。

――凱風館や他の家を見てきた分、ハードルはどんどん上がっていくんでしょうね。

光嶋　話を習い事に戻しますと。習い事とはちょっと違うのですが、僕は高校までは本を全然読まなかったんです。うちの家族が本を読まなかったので。そもそも家に本棚がなかったし。それが完全に反面教師になっていて、自分で勝手に「帰国子女やから本が苦手やねん」って言い返して、実際に国語の成績は悪かったんです。でも、高校生の時に村上春樹を読んでみたら、「これ、めっちゃオモロいやん！」って目覚めて、それから周回遅れの読書家になりました。だから本を読まなかったことについては、どこかで人生を損してしまった部分がある、という感じです。

結衣が生まれてからは、自分が本を読んでいる姿を意識的に見せるようにしてるんです。いつか分からないけど、「これ読めよ」って読んでほしい本を渡すかもしれないし。基本的には、僕自身が好きで本を読んでいる、好きで絵を描いている、子供にそんな姿を見せることで何か伝わるものがあるのかな、と思っています。

あとは、僕の師匠の山本浩二画伯[*注2]のお絵描き教室にも連れて行きたいし、音楽だったらゴッチさんに相談するとか、とにかく本物を習わせたいんです。僕は海外にも友達がいるので、もっと先にはなりますけど、結衣が中学生や高校生ぐらいになったらベルリンの友達のところに夏休みの3週間ぐらい預けて、その代わりに向こうの友達の息子を預かるとか。とにかく外国はちょっと心配とかじゃなくて、もっといくらでも世界は広いぞって発想で。

——本当にいろいろ考えてますよね。そんな光嶋さんのお話を、永山さんが横でニコニコってお聞きになってる感じがいいですよね（笑）。

永山　でも今聞いた話はちゃんと言ってました。前にも聞きましたから（笑）。

——小学校に行くまで今の保育園でそのまま、ということは、まだあと3年。その間にも社会の変化もありますし。

光嶋　幼児教育にしても、例えばモンテッソーリ[*注3]とか、いろいろあるじゃないですか。阪神間はそういうのも充実していますから。でもやっぱり彼女自身が、今の環境をどう思っているのか。彼女の素直な感覚の声に耳を傾けたい。今朝、結衣ちゃんが「保育園に行きたくない」って駄々をこねていたみたいな話ではなくて、本質的に合っていないとかじゃない限りは、その時々の幸せっていう感触でいいっていう……。そういう長い眼で見ることを教えられているな、という感じがします。

ベビーカーとだっこ紐の「歓び」の時間

――光嶋さんがご存知の日本と海外の、子育ての違いとかはありますか？

光嶋　僕は「子供が生まれたら、自分でベビーカーを押したい」って、ずっと思っていたんです。僕が大学卒業後に建築設計事務所で働いていたドイツでは、男性がベビーカーを押していました。それが当たり前の風景でした。公園に行くのも、ショッピングしている時も、お父さんがベビーカーを押す。でも日本でベビーカーを押しているのは、ほとんどお母さんじゃないですか。

――この企画に関連して、参考となるような子育てのイラストを探したんですけど、確かにお父さんがベビーカーを押しているサンプルは国内ではあまりなかったんです。ほとんどはお母さんがベビーカーを押しているようなイラストでしたね。

光嶋　でしょ。日本では、ベビーカーを押すのはお母さんの役割。それと、だっこ紐も。僕は自営業なので、時間がある時は昼間でもベビーカーやだっこ紐で結衣ちゃんと出かけますけど、平日に子連れで近所を歩いていると、「この人仕事してないのかなぁ？」って、すごく優しい眼で見られます（笑）。世間のお父さんはこんなに楽しいことをあまりしていないっていうのが、僕にはよく分からないです。もったいない。

――最近は子育てに熱心なお父さんを、「イクメン」という言葉で括っていますけど、まぁおかしな言葉ですよね。本来、子育てを夫婦でするのは、当たり前のことなのに。

光嶋　子育てって正解がないから難しいけど、逆にだからこそワクワクしますよね。子供にどんどん新しい経験をさせてあげたくなるし。だからついつい甘やかす方にいっちゃうんですけど……。そうすると春ちゃんが引き締めてくれる（笑）。

――そのうちに、「お父さんはモノを買ってくれるから好き」とか言われるかも（笑）。

光嶋　佐藤さんご夫妻のインタビューの中のお嬢さんの仁怜ちゃんの発言は、僕にはあまりにも衝撃的で（笑）。「結衣も将来、絶対に言ってそう」と思うので。

――子供って、想いを単純化して言葉にしますからね。お二人で絵本の読み聞かせとかはしているんでしょうか。

光嶋　結構やってます。本は好きになって欲しいので。

――内田先生は以前、「うちのゼミ生は、ぜんぜん僕の本を読んでくれないんだよ」って嘆いていらっしゃいましたが。

光嶋　そうなんですよ。春ちゃんも一緒です。僕の書いた本を家に置いておいても、全く読んでくれない。もうずっと前に書いた僕の最初の本、『みんなの家。建築家一年生の初仕事』を最近になって読んで、「ええこと書いてるやん」って（笑）。でも、春ちゃんは合気道を通して直接学んでいますから。僕は内田先生の本を読んで感動したりすると、すぐにそれを言っちゃうんですけど、彼女は「うん、知ってる」って（笑）。内田先生のお稽古って言葉の稽古でもあるので、本を読まなくても日々のお稽古から、先生の教えを受け取っているからって。

（ここで光嶋さんは結衣ちゃんをお迎えに）

――光嶋さんは「建築家だから」というのもあるんでしょうけど、わりとカチカチと理詰めで行くタイプじゃないですか。永山さんはどんな感じで彼を見ていたのでしょう。

永山　まぁパッパッパッパッと物事を決めてくれるので、そこは任せておこうと。

――良い言い方をすれば、引っ張ってくれるタイプだと。

永山　ただ、私が「そう」と思っていることに関していろいろ進めてくれるのはありがたいんですけど、「ちょっとそれ違う」と思っていることに関しても、自分で決めつけて「こうやんか」って話してくることもあるので、その時は「ちょっと待ってよ！」ってなります。

――「理屈は分かるんだけど」みたいな感じで？

永山　そうですね。

――結衣ちゃんのご出産の時にお身体が大変だったので、もう兄弟はいらないかなぁとか思っていないですか。

永山　結衣を産んだ時は、「もう二度と産まない」と思いましたけど、今になると兄弟は欲しいですね。結衣と一緒に過ごすにつれて、最初はあまりにも弱い存在なのでいろいろ迷ったりもしましたけど、段々不安がなくなっていくというか……。いろんな不安も一つ一つ解決していけているし、「こうやって育てていったらいいんだ」というのが分かってきたので。今は毎日が楽しいし、いろいろ発見もあるので、自然に二人目の話をするようになってきました。

――次はやっぱり男の子を経験したいって？

永山　そう思いますね。私には弟がいるんですが、周りの姉妹を見ていて「いいなぁ」って思うこともあるので。女の子でもいいかなって思ったりもしてますけど。

（光嶋さんが結衣ちゃんを連れてお帰りに）

――結衣ちゃん、お帰りー。お外は寒かった？

永山　お手て、洗っておいで。

――光嶋さんは二人目はどうですか。

光嶋　いやぁ、欲しいですね。やっぱり息子への憧れはいまだに。あとはやっぱり、2歳までの非言語時代の子育てが、ほんとに日々楽しかったので。

――あの感じを、もう一度体験したい。

光嶋　そう。言葉を想像する非言語コミュニケーション時代。二人目でそれをもう一度経験させてもらえるのかなぁと思うと。お姉ちゃんになった結衣と、それを一緒に経験したくて。あと自分も3つ上の兄と4つ下の弟がいるので、その年齢感って体感として分かるので。まぁ、コウノトリに任せていますけど。

――結衣ちゃんは、一番好きな食べ物ってなんですか？

結衣ちゃん（以下、敬称略）　みかん。

――フルーツが好きなんですね。

永山　フルーツは大体好きですね。

光嶋　結衣ちゃん、イチゴが好きなんじゃないの。

結衣　ううん。ブドウも好き。

光嶋　ブドウは好きやなー。

――結衣ちゃんは、弟くんができたら嬉しい？　まだ分かんないかな？

光嶋　分かるでしょ。ママのお腹に赤ちゃんできたら嬉しい？　弟と妹、どっちが欲しい？

結衣　（小声で）おとうと。

一同　（爆笑）

光嶋　なんでそこで小声で言うの（笑）。

――でも意見は一致しましたね。

光嶋　男女の区別はもう分かっているんですよ。一緒に銭湯に行く時も「男湯は嫌や、女湯入っていいの」とか、ちゃんと分かっているみたいで。

――結衣ちゃんは、パパと一緒にお風呂入るでしょ？

結衣　ママ。

――ママなのかぁ。

光嶋　最近はもう一緒に入ってくれないんですよ……。

――うわぁ、もう既に！

結衣　（キッパリと）だってママの方が好きなんだもん！

一同　（爆笑）

光嶋　（悲しそうに）こういうこと、わざと言いよるんですよ……。

――ママの方が好きなのかぁ（笑）。

光嶋　言葉を喋るようになるまでは、沐浴からして、僕が家にいる時はほんとに毎日、一緒にお風呂に入ってたんですよ。でも最近はあっさり「パパよりママがいい」って。切ないですね……。

――でもパパも好きでしょ？

結衣　（頑なに）ママ。

光嶋　パパも大好きって言ってよ。
結衣　ママの方が好きだも〜ん。
光嶋　……（無言）
――そこであんまり競っちゃダメですよ（笑）。

（取材日時：2019年2月12日）

*注1「ゴッチ」……ロックバンド「ASIAN KUNG-FU GENERATION」のボーカリストの後藤正文氏。光嶋氏は2015年の夏、アジカンの全国30公演を巡るホールツアーのステージデザインを担当。

*注2「山本浩二画伯」……1951年生まれ。日本の抽象絵画の代表的な作家の一人でありイタリアの「ミラノ」を拠点に、欧米と日本を行き来しつつ、国際的に活動している。凱風館の能舞台に抽象画の作品『老松』を描写。光嶋氏の絵画の師匠。内田先生とは中学校以来の友人関係で、今でも変わらず親交が深い。

*注3「モンテッソーリ」……モンテッソーリ教育。イタリアの医学博士・幼児教育家によって考案され、知的・発達障害の治療教育を目的に発展した教育法。子供の自主性や知的好奇心を育み、社会的に貢献する人材を育成することを目的とする。日本では早期教育として注目されている。

保育所等の利用率と待機児童数の推移

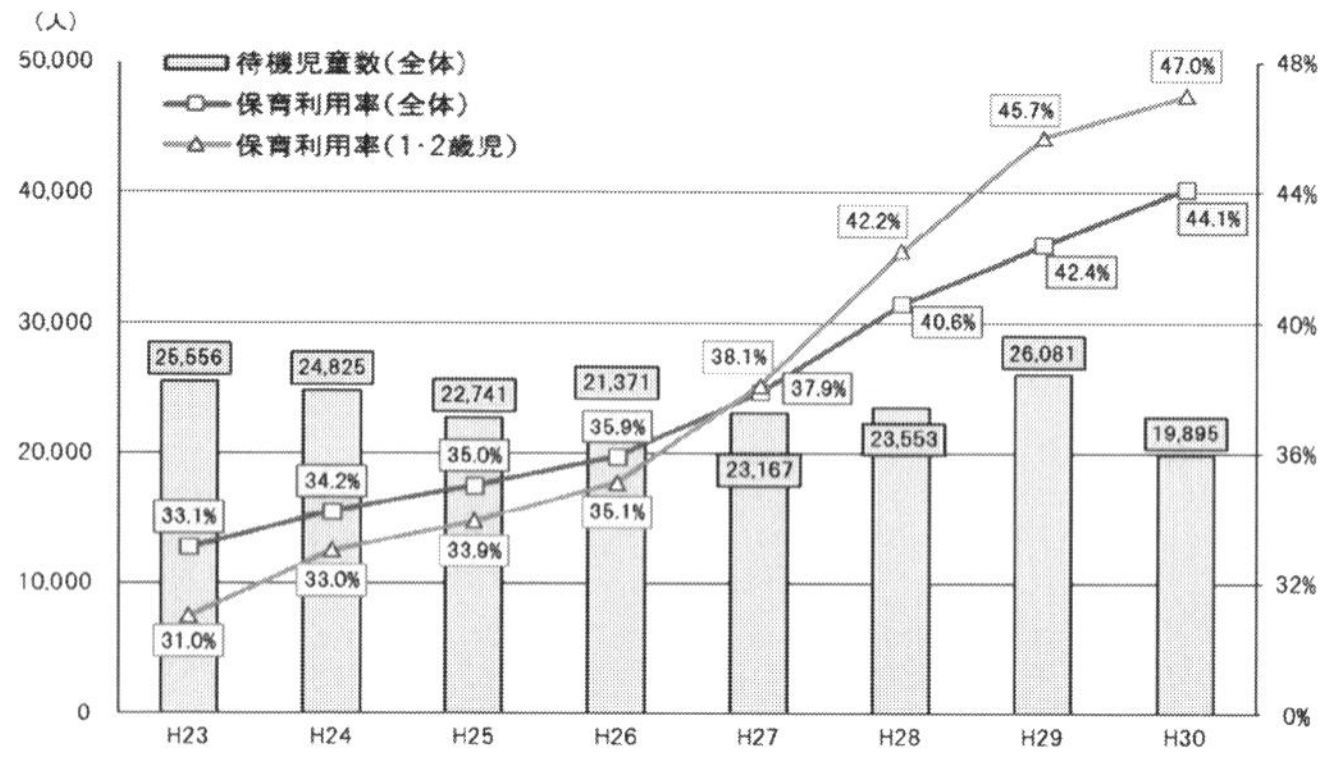

資料：厚生労働省「平成30年　保育所等関連状況取りまとめ」

子育ての課題を考える

4 待機児童と地域格差

「待機児童」とは、入所・利用資格のある児童が保育園や学童保育に入所できず、待機せざるを得ない状況を指します。その原因としては、人口が集中する都市部において、共働き家庭が増加したことによる相対的な施設数不足が挙げられています。あの衝撃的だった「保育園落ちた日本死ね!!!」というタイトルの匿名のブログ（2016年2月）以降、メディアでもやたらと待機児童に関する問題が採り上げられるようになったことは、みなさんご存知の通りです。

「一億層活躍社会の実現」や「女性の活躍促進」といった政府の取り組みと、見事なまでに逆行するこの「待機児童問題」の実態は、数字からも明らかです。上のグラフに示されたように、年度によって増減はあるものの、全国の待機児童数は概ね二万～二万六千人強の間で推移。2018年のデータでは全国で約二万人弱が待機児童となっていますが、その総数よりも問題は地域格差です。左上の表をご覧いただくと、待機児童の7割が

都市部とそれ以外の地域の待機児童数と率（平成30年）

	利用児童数(%)	待機児童数(%)
都府県・指定都市・中核市	1,538,805人(58.9%)	13,930人(70.0%)
その他の道県	1,075,600人(41.1%)	5,965人(30.0%)
全国計	2,614,405人(100.0%)	19,895人(100.0%)

	申込者数(%)	待機児童率
都府県・指定都市・中核市	1,612,288人(59.4%)	0.86%
その他の道県	1,100,071人(40.6%)	0.54%
全国計	2,712,359人(100.0%)	0.73%

資料：厚生労働省「平成30年　保育所等関連状況取りまとめ」

都市部に集中していることがわかります。更に地域別のデータを見ると、東京都が五千人を超える待機児童を抱えており、埼玉県、千葉県、大阪府、兵庫県なども千人を超えています。

一方で、数多くの幼稚園が定員割れをしていることを引き合いに出して、「幼稚園を有効利用すればどうか」ともよく言われますが、幼稚園は文部科学省の管轄による「教育施設」であり、対象年齢は満3歳～小学校就学前で、預かり時間は4～5時間が基本。対象を0歳～小学校就学前まで、預かり時間を11時間（認可保育園の保育標準時間）とする厚生労働省管轄の保育園とは、同列に扱うことはできません。その中間的な役割として、2006年以降は都道府県知事が条例に基づいて認定する「認定こども園」も存在しますが、大きな成果を上げるには至っていません。

こうした状況ゆえに、多くの子育て家族は、子供を「いかに預けるか」に対して腐心せざるを得なくなっています。「少子化」を社会問題として、女性の活躍を促進するのであれば、待機児童の解消は急務なのですが……。残念ながら政府の動きはいささか鈍いようです。

第1回　凱風館やんわりフォーラム

『困難な子育て』を、いかにして愉しむか

第1回　凱風館やんわりフォーラム
『困難な子育て』

日時：2019年3月17日（日）　**場所**：凱風館

パネリスト：

内田　樹（［合気道　凱風館］館長・武道家・思想家）

佐藤　友亮（神戸松蔭女子学院大学准教授・内科医）

飯田　祐子（名古屋大学教授）

光嶋　裕介（建築家）

砂田　祥平（IT会社役員・NPO法人［海運堂］役員）

岡山　亜里咲（［合気道　凱風館］書生）

司会・進行：堀埜　浩二（説明家）

凱風館外観

――みなさん、今日は春らしい降ったり止んだりのお天気の中、足をお運びいただきましてありがとうございます。『第1回 凱風館やんわりフォーラム 困難な子育て』ということで、あまり肩肘張らずに、やんわりした感じで、これから皆さんと一緒に子育てについて考えていく時間にしたいと思っています。私はこの『困難な子育て』の企画の立ち上げから、パネリストの方々へのインタビュー、そしてこのフォーラムの進行役を務めます、「説明家」という謎の肩書きを付けていますが、堀埜と申します。どうぞよろしくお願いします。

（拍手に続いて、堀埜よりパネリストの紹介があって）

――ここまで、ブログサイトでインタビューを順に公開しているんですけど、それを読まれた方はいらっしゃいますか？

（観客の7割方が挙手）

――しっかりお読みいただいているようですね。ありがとうございます。では、凱風館に来るのは初めて、という方は？

（観客の8割方が挙手）

――初めての方が大半なようですね。今日初めてお越しになって、道場の後ろにドン！と大きな絵があることで「なんだろう、ここは？」という印象をお持ちになった方もいらっしゃると思います。この絵は能の舞台の背景には欠かせない「老松」なんですが、この凱風館を建築設計された光嶋さん、簡単に説明していただいてもよろしいですか？

光嶋裕介さん（以下、敬称略）　この凱風館の特長の一つはですね、合気道のお稽古をする75畳の道場でありながら、こうしたイベントも含めて、人が集まったり学んだりする場所としても機能するという。住吉のこの場所は、北に六甲山があって、南に瀬戸内海があります。ですから南北で向き合いながら、「天子南面《てんしなんめん》す」と言うように、師匠と

弟子が合気道のお稽古をするわけですが、実はこの畳をめくりますとお能の舞台がありまして、三間四方《さんけんしほう》、つまり間口と奥行きが5メートル40センチの能舞台になります。内田先生の奥様が小鼓方の能楽師でおありになって、先生もお能をなさっていますので、「能舞台にもなるように」とのご依頼を、こういうかたちで実現したわけです。

お能を演じる際の大事な装置として、「老松」が背景に必要ということで、この2枚の屏風絵が描かれています。これは、山本浩二[P170＊注2]画伯の作品なんですが、山本画伯は僕の早稲田大学時代の恩師であり、内田先生と出会うきっかけを作ってくれた方でもあります。今日は並び順で、僕がセンターですが、「老松」の緑の補色である赤いシャツを着てきました。さっきの紹介で、堀埜さんからは「一人だけ派手なシャツ」と言われてしまいましたが（苦笑）

――ちゃんと計算してコーディネイトした、と。さすがデザインに関して、デリケートでいらっしゃる。

ということで、このフォーラムのタイトルが『困難な子育て』ということなんですが、当然ながら子育ては困難なものだと。今日はまさしく子育て中の方も、もうちょっと落ち着かれたような方も、いろんな世代の方がお越しになられてますけど、このタイトルの元々の由来というのは、内田先生の師匠でもある、エマニュエル・レヴィナスというフランスの倫理学・哲学者の著書、『困難な自由（Difficile liberté）』にちなんだものなんです。先生はこの本の翻訳を、2回されているんですよね。

内田樹先生（以下、敬称略）　はい、二度やりました。

――最初に翻訳されたのは、確かまだ関西に来られる前でしたか。

内田　まだ東京にいる頃ですね。

――その後にまた新訳というかたちで2回目の翻訳版（『困難な自由　ユダヤ教についての試論』国文社・２００８年）を出されていて、私はそれを読みました。その内容については、ここでお話しできるような簡単なものではないのですが、内田先生にとっても非常に重要な本ということで。その『困難な自由』というタイトルに因んで、先生のご著書として『困難な結婚』という本をお書きになられています。

内田　あと、『困難な成熟』というのもあります。

――「困難な」シリーズで、ここまで2冊。先生のご著書の中で、わりと読みやすい本としては、大きく二つのシリーズがある。で、今回は「困難な」シリーズということで。

「困難な」シリーズと、他に「街場の」というシリーズ、こちらは10冊以上ありますが、大きくは身体論、時間論、共同体論……

もちろん子育ては困難なんですけれども、その「困難さ」とどういう風に付き合うかっていうところが大事なわけですね。みなさんのお手元の方に、今日のレジュメをお配りしていますが、すごくザックリとした構成なんですけど、大きくは身体論、時間論、共同体論……こう書いてあるとちょっと堅苦しい感じがしますが、この辺りのことを座標軸にしながら話を進めてまいります。

ではまず最初に内田先生の方から、ここまでのインタビューをご覧になっての所感みたいなものを、お伺いしてもよろしいでしょうか。

内田　みなさんのインタビューを読んで、いろいろと僕の知らないことが多くて。表向きはみんな、穏やかで幸せそうな結婚生活を送っていらっしゃいますけど、それぞれにいろいろとご苦労がお有りになったり、優雅に見える白鳥が、水面下では必死に足掻いている……という実情が分かりました。いろいろなご苦労を抱えながら、道場で僕と接する時はきちんとして、感情の乱れとかもコントロールしてくれていて。本当にありがたいな、と思いました。

結婚へのトリガーとしての「困難なお見合い」

――今日のパネリストの中で、一番長く合気道をなさっているのは飯田先生ですか。

飯田祐子さん（以下、敬称略）　はい、そうなりますね。

――内田先生は、佐藤さんと飯田先生のお二人のインタビューで、何か印象に残ったことはありますか。ある日曜日に、「内田先生、お話があります」ってお二人から言われて、内田先生はまさかお二人が交際されているとは知らずに、「何を言われるんだろう」ってドキドキしておられたという……。

内田　いつも、そうなんですけどね（苦笑）。佐藤さんと飯田先生のご夫妻の時もそうだし、あーりん（岡山亜里咲さん）の時もそうだし。光嶋くんの時は事前に光嶋くんが春ちゃん（光嶋さんの奥さまの永山春菜さん）のことを好きだという話はちょっと聞いていましたけど。いつもみなさん改まって「お話があります」と切り出してくるので、どきっとします。真っ先に考えるのは、「もう合気道、辞めます！」かな、と（笑）。「これまでずっと我慢してきましたけれども、もう内田先生には我慢できなくなりました！」って言われるのかなと思って。

で、「こんにちは」とやって来て、大体ドアを開けると、後ろにもう一人いる。「なんでこの人たちが一緒にいるのかな？」って思って不思議な顔をしていると、「結婚します」って。自慢じゃないけど、事前に分かったことは一度もないです（笑）。道場内では全員が知っていて、僕だけが知らないってことが、しばしばありました。

内田 樹先生

――釈 徹宗先生[P45＊注1]と組んでの「佐分利信《さぶりしん》プロジェクト」というお見合いプロジェクトもありましたが、うまくいってはいないんですよね。

内田 あれは全部失敗しました。

会場 （笑）

――「困難な結婚」以前に、「困難なお見合い」があったわけですね。

内田　僕は8件やって、別に釈先生が何件かおやりになっていて、二人合わせて十何件かはお見合いのセッティングをしているはずなんですけど、成功率はゼロなんです。一つとして成婚しなかった。だけどお見合いをすると、その後で慌てて、別の相手を見つけて結婚するっていう。

――お見合いをしたことでなんらかの刺激があったり、体感が何か変わったりというようなところで、結果としては結婚に向けてのディレクションをなさったという。

内田　そういう「おせっかい」というのが、とても重要だと思っているんです。「佐分利信プロジェクト」というのは、小津安二郎の映画に出てくる俳優の佐分利信と「悪いおじさん」たち、中村伸郎や北竜二や、あと杉村春子が演じたようなおせっかいなおばさんをイメージしたんです。昔はそういう小うるさいおじさんやおばさんたちが、適齢期の男女を見つけると「早く結婚しなさい」と言ってせっついたものなんですけど。

若い人は昔も今も、あんまり結婚したくないんですよね。意外かもしれませんが、昔からずっとそうなんです。1950年代の小津安二郎の映画を見ていても、若い人はみんな結婚したがらない。「のりちゃんはいくつだい、四か。じゃあ、もうお嫁に行かなくちゃ」なんて言っても、笑ってとりあわないんです。それをおじさんたちが無理矢理結婚させせる。結婚するのが当然だった時代でさえそうなんですから、結婚するのもしないのも本人の自由だし、周りでおせっかいを焼くおじさんおばさんたちもいなくなった今、未婚率が跳ね上がるのは当たり前なんです。今、男性の生涯未婚率が23・4％です。

――30代の男性の二人に一人は、結婚していない。全国平均でそれですから、都心部だともっと高くなるでしょうね。

内田　東京の30代男性の未婚率は44％です。この人たちの多くがそのまま生涯未婚で終わるとすると、これは深刻な問題だと思うんです。単に、人口の再生産とか、セーフティーネットの欠如とかいう問題だけでなく、やっぱり結婚して、家庭を持つっていうことが、人間の成熟にとって非常に大切な修行だと思っているので。

――その辺りは、『困難な結婚』や『困難な成熟』にもお書きになられています。今回はその先の「子育て」ということで、今日もたくさんのみなさんがお子さま連れでお越しなんですが……パネリストのみなさんの中では、一番下のお子さんが砂田さんのところで、3週間前に生まれたばかり。一番上は佐藤さんのところの仁怜《にれ》さんで、今10歳ですね。その佐藤さんと飯田先生のところは結婚したのも遅かったし、お子さんができるかどうかというのも、どうなるかなぁ、みたいな感じだったんですよね。

飯田　インタビューでもお話ししましたけど、子供が来るかな、来ないかな、まぁ来なかったらそういう人生もありだな……と思っていた頃に、やって来てくれて。来たら来たで、気づくことも多くて、面白くて。うちの仁怜は今10歳ですけど、たぶん凱風館の中で結婚して、凱風館のメンバーとして子供を持った例としては、一番早いのかな？

――凱風館ができる前でした。

飯田　その後は、みなさん続々とご結婚されて、子供が生まれていますけど。

――凱風館やその周辺のメンバー同士で結婚することのトリガーみたいなかたちになりましたよね。佐藤さんと飯田先生が一緒になられたのも、仁怜さんが生まれたのも、まだ凱風館ができる前。凱風館ができてからは、よく仁怜さんも連れて凱風館に通われて。さっきご紹介しましたけど、今は名古屋大学に。

飯田　そうです。今私は名古屋大学に勤めていますけど、以前は神戸女学院大学に勤めていまして、内田先生が神戸女学院につくられた合気道部に入って、合気道を教えていただいて。そういうご縁で、今に至っているわけです。あとお能のお稽古も、内田先生と同じところでお稽古させていただいていて、仁怜もお能の方にも行ってますから、その関係でも、相変わらず凱風館に出入りさせてもらっています。

――仁怜さんが生まれてからは忙しくなって、なかなか合気道のお稽古には来られていないのですか。

飯田 祐子さん

飯田　彼女が幼稚園に入るぐらいまではお稽古にも来て、あと合宿も家族三人で行って、家族部屋をサービスで作ってもらったりしてたんですけど。でも大きくなって、幼稚園ぐらいになると子供もいろいろと主張し始めるようになって。小学校に入ると、自分のしたいこともできてきますし。そのタイミングで私も名古屋大学に異動したこともあって、お稽古にはなかなか来れなくなっちゃいました。

――小さい頃のわがままって子供らしいわがままですけど、もう仁怜さんぐらいになってくると主張が出てきて、違う道を行きたがったり。

飯田　そうだと思います。あれこれ自分のしたいことがありますし、お友達とのつながりも深くなってきて、自分で約束もしてくるようになってきてます。そういうことの中で、段々と子供の生活が親の用意したものとは違うかたちで展開していくということが出てきているな、と思います。

――佐藤さんのお家は、いわゆる住み開きとかじゃないんですけど、近所の子供たちが学校帰りにお家に寄ることが多かったり、佐藤さん自身が子供たちが学校から帰ってくるのを楽しみに待っていたり。

佐藤友亮さん（以下、敬称略）　そうですね。私は凱風館ができて2年目の時、神戸市灘区の神戸松蔭女子学院大学に異動したんです。それまでは阪大病院に勤めていたんですけど、大学病院の勤務医なので当然、平日も週末も当直があったりして忙しかった。その後、いろんなことがあって、神戸松蔭で教諭としての仕事が始まった時が、ちょうど仁怜が幼稚園に入る頃で。夜遅くまで預かってくれることもあって、神戸松蔭のすぐそばの六甲幼稚園に行き出して。自宅は芦屋ですから、仁怜にとってはちょっと離れた幼稚園に通っていた格好だったんですね。それが小学生になって近所の公立の小学校に通い出したら、周りにこんなに子供がいるのかってびっくりするぐらいに、たくさんの友達ができて。

私自身が子育てのために、働き方を変えたっていうのもあるんです。私は両親が共働きだったので、子供の頃は弟と二人きりでいることが多かったから、自分の子供にはできるだけ寂しい思いをさせたくなかったので。家で子供を待っていると、わぁわぁと賑やかに帰ってくるのが楽しみで。他のお家に行くよりもうちが溜まり場みたいになっていて。でも最初の頃はリビングで一緒にお友達とわぁわぁやっていたんですけど、最近は自分の部屋に入って、子供同士で何かやっているようです（笑）。

――リビングで眼の届く範囲で遊んでいたのが、部屋に入って、より高度な子供同士のソサエティを形成している。

佐藤　子供同士が接している姿から、心配なところは感じられないので、あまり干渉したく

佐藤 友亮さん

ないなと思っています。成長するにつれて、自分たちだけの世界を楽しんでもらいたいですね。

――もちろん佐藤さんのお家が学校の帰り道ということもあるんでしょうけど、他の子供たちも居心地の良さを感じているんでしょうか。

佐藤　そうでしょうね。このようになったのは、明らかに凱風館でいろんな人たちと関わる感じとか、そういうものが我々家族の文化の中にあって、うちに来たい人はどんどん来て遊んでいったらいいよっていうのが、自然にできているのかなって思いますね。

――今日は始めて凱風館にお越しになられたという方が多いので、合気道そのものをあまりご存知ではない方もたくさんいらっしゃると思います。合気道における学びとはどういうものかというのを、内田先生から簡単に説明していただけますでしょうか。

内田　ここに来ておられる皆さんは合気道をほとんど見たことがないと思うんですけど……。というのは、合気道には試合がないからです。競技じゃないんです。だから、演武のテレビ放映もないし、合気道についての映画もないし、マンガもない。だから、どんなものか想像もつかない。合気道と言うと、「『きぇーっ』とか言って相手を倒す術ですか？」と聞かれたりしますから（笑）。

――合気を「気合い」と勘違いしているっていう（笑）。

内田　それは「気合術」といって、戦前にあった霊術の一種です。気合をかけると虫歯が抜けるとか、ほくろが落ちるとか（笑）。合気道はそれとは全然違いますよ。大正年間から昭和初年にかけて、植芝盛平《うえしばもりへい》先生という方が創始された近代武道です。

――（道場にある書を指して）ここに「合気」という書が掛かっています。

内田　この書は、2代目の植芝吉祥丸《うえしばきっしょうまる》先生が書かれたものです。そのお父さんにあたる植芝盛平という方が、合気道の開祖です。

植芝先生は大東流合気柔術や柳生心眼流や宝蔵院《ほうぞういん》流の槍術《そうじゅつ》などさまざまな武術を学ばれて、また真言密教や大本教での宗教的な行を踏まえて、合気道を体系化されました。戦前までは「武」の要素が強かったようですけれど、大戦末期からそれまでの殺傷技術という側面を、強弱勝敗を競わない「愛と和合の武術」に刷新された。強弱勝敗巧拙を競うことなく、稽古を通じてお互いを練り合い、自分自身の心身をよく観察して、生きる知恵と力を高めていくという……。なんと言ったらいいのか、非常に瞑想的というか、思索的な武道です。僕は「文系の武道」と言ってるんですけど。

百聞は一見に如かずなんですけど、普通の方はほとんど見る機会がないものですから。でも、合気道には、日本の伝統的な身体技法、身体技術がたくさん流れ込んでいます。僕の師匠の多田 宏先生は1964年にイタリアに渡られて、かの地でイタリア合気会を創設された方なんですけれども、ヨーロッパにもアメリカにもアジアにも、今は世界中のあらゆる国に合気道の道場があります。特にヨーロッパでは盛んです。でも、ヨーロッパの合気道家たちが求めているのは、単なる身体技術というよりは、修業を通して、日本の伝統的な宗教や哲学や身体文化に触れることのようです。日本固有のそのような伝統のうちに、汎用性の高い知見が含まれていると感じているようです。この道場にも、あそこに掛かっている名札をご覧になれば分かりますけれども、中国の方もいるし、韓国の方もいるし、ヨーロッパから来ている方もいますし。多田先生がイタリア合気会を創設された関係もあって、イタリア人の方が凱風館を訪ねてきて、しばらく稽古して帰られるということもよくあります。合気道を一言で説明するのは本当に難しいんですけど、「生きる知恵と力を培う身体技術の体系」というふうにご理解いただければと思います。

――内田先生の「武道家」という肩書きで、「戦う人なのかな」というふうに読み取ると、とんでもない間違いですね。

「競わない」という生き方の発見

――その辺りのことを一番端的にお感じになられたのは、光嶋さんかもしれません。光嶋さんがドイツで建築を勉強されて、日本に帰ってきて、たまたま芦屋で内田先生の麻雀の会（甲南麻雀連盟）に参加して。その頃にちょうど先生が合気道の道場を持とうかなとぼんやりと考えていらっしゃって、山本画伯から「建築家だよ」と光嶋さんを紹介されて、「丁度よかった、じゃあキミに頼むよ」って感じで、この凱風館を設計することになったんですよね。

光嶋　そうですね。ドイツから帰ってきて、まず建築士の資格を取ろうって。その時29歳だったんですけど、30歳になって一級建築士の試験に合格したちょうど1週間後ですかね、2010年の12月の年末に、内田先生のご自宅の麻雀に参加させてもらって。

――非常にドラマティックな麻雀大会でした。

光嶋　そこには佐藤さんもいらっしゃったし、堀埜さんもいらっしゃったし、20人近くで三つの麻雀卓を囲んでいる中で、僕は当時、山本先生しか知り合いがいなくて、麻雀するのも7年ぶりだったんですけど。それまで10年以上前から内田先生のご著書は読んでいたので、僕の中に内田 樹像というイメージがあって、生身の著者に会うっていうのが初めてだったんですけど……。著者に会うもなにも、著者のお家に行くっていう。建築家としてというよりも何よりも、「先生ってこんなところにお住まいなんだ」、「こんな本を読まれたり、こんなＤＶＤをご覧になってるんだ」という感じで、もう麻雀どころじゃなかったんです。久しぶりだったので、勘が鈍っているどころじゃなくて、ルールも結構忘れていて。

――なかなかの負けっぷりでしたよね。

光嶋　ご依頼を受けたのも、最初は嘘だと思いました。これは完全に社交辞令だと。「じゃあ土地を買ったら連絡す

光嶋 裕介さん

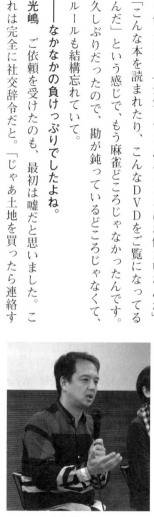

るよ」って、そんな人生の最大の決断をどこの馬の骨かも分からない僕に？って。で、本当に3カ月後に、内田先生から「土地を買いました」とご連絡をいただいた時に、「コンペですか？」って。いろんな人にお声がけされていると思ったら、「いやぁ、光嶋くんにしかお願いしてないよ。頑張ってくれるよね」っておっしゃって。夢見たいな話ですよね、建築家としての処女作が、尊敬する内田先生のご自宅兼道場だなんて。

これが公共建築物のコンペとかだったら、過去に「図書館を建てたことがあるか」とか「5000平米以上の建築物を設計したことがあるか」といった、実績のある事務所しかコンペに参加できないんですよ。初めての図書館などの公共建築というのは、かなりハードルが高い。ですから有名な建築家が同じ顔ぶれで設計するということが多くなるのですが、それとは真逆で、内田先生は全く僕が誰だか、どんな仕事をするかをご存知でなかったのに、ご依頼いただいたという。とてつもなく大きなバトンを授けていただいいて、背中を押してもらったというのが、何よりも嬉しかった。

僕は合気道をしたことがなかったのに、合気道の道場を設計できるのか？という自問自答をしつつ、建築家としての「他者への想像力」の中で、初めての仕事をこれからするわけだから。初めての住宅であり、初めての道場であり。それを内田先生に後押ししていただけた。建築家とクライアントという関係性ではありますけど、先生と出会った当初から著書を通じて「内田先生が師である」と感じていたことは大きかったし、それは麻雀していた時からの流れではあると思います。

内田　僕からしても、光嶋くんの登場は運命的だったんですよ。それまでは芦屋市の体育館をお借りして稽古をしていたんです。それが幸運にも自分の道場を建てることができる目当てがついて。武道家が自分の専用道場を建てることなんて、今は滅多にはないことですから。でも、僕の知り合いになぜか建築家が一人もいない。建築家を探さないといけないなと思っていたら、本当に、そう思い始めた矢先に、山本画伯が光嶋くんを麻雀の席に連れて来た。そして、「内田くん、彼は建築家だよ」と紹介してくれた。その時に、「ああ、これは宿命だな」と思いました。

光嶋　「他にも実績のある建築家さんを探してみよう」とか、思われなかったんですか。

内田　僕は考えてなかったです。うちの奥さんはいろいろ調べていたようで、「本当にあの方にお願いするのですか?」と心配そうにしてましたけど。

光嶋　そうそう、最初に先生のご自宅に打ち合わせにお伺いした時に、有名な建築家の本がいっぱいあって……プレッシャーを感じたことを覚えています。

内田　光嶋くんは建築家としての実績が何もないわけで、これが処女作でしょ。だったら、もう命がけで一生懸命やってくれるに決まっているじゃないですか。施主の注文だって、素直に聞いてくれるだろうし。だから、コンペとか全然考えてなかったです。こういうのは「ご縁」のものだから、僕が道場を建てると聞いたら、誰かが建築家を紹介してくれるだろうと、わりと気楽に構えてました。そこに光嶋くんがやって来た。若い人にチャンスを与えるのは教育者としては当然だと思って、迷わず彼に頼みました。

――光嶋さんのインタビューの中で最も象徴的だったのが、建築の世界でも当然ながらコンペがありますし、光嶋さんのお家は男三人兄弟で、その関係もとてもコンペティティブだったから、「競うことがデフォルト」だったという点だったのですが。

光嶋　僕は男ばかりの三人兄弟で、長男が「野球をやる」って言ったらみんなが野球で競い合って……というようなことをして育ったのが、合気道に出合って、「競争じゃないやり方があるんだな」というのが初めて分かって、衝撃を受けたんです。野球で、3つ上の兄貴には絶対に勝てないけど、4つ下の弟には絶対に負けないっていう次男坊気質なので、兄貴にやられまくったら弟にやり返す、ってことを繰り返していました。だから弟と兄貴は、めっぽう仲がいいんです。

会場　（爆笑）

光嶋　だって7歳も離れていると競わないけど、3つ上4つ下となると競い競われで、スポーツでも少しでも速い球を投げたい、遠くに打ち返したいってなりますよね。そういうのを基準に育ったんです。トンカツが食卓に出たら、お代わりを早くするぞ、って。そうやって全てを競って育った人間が、合気道を始めた。それまで設計している時に想像していた凱風館の完成とともにリアルになって、「あぁ楽しそう」って、すぐに合気道を始めました。

――「競い競われ」ではない世界がそこにあった、と。

光嶋　弟子入りして合気道を始めた頃は、どうやったらもっとうまくなるんだろうってスポーツ的に考えていたんですけど、やっぱり分からないんですよね。身体感覚は、他人ではなく、昨日の自分としか比較できないので。それでガラッと変わりました。僕は今まで他人と比較して、もっとうまくなりたいって、常に他人と比較することでしか自分を見出せないというか。そういう、いわば強者の論理に対して、内田先生がおっしゃったように、「強弱勝敗を競わない」というあり方、それが僕の価値観を一変させてくれました。建築家としてもそうだし、「子育て」ということでも、予定調和でないところに自分を置く状態は、模範解答のない問いと向き合う中で自分でしか判断できないということを学んだように思います。

先生が「文系の武道」っておっしゃって思い出したのが春ちゃんのことで……。僕の妻は凱風館の書生の1号で、内田先生の合気道の教えを受けているんですが、内田先生の本を一切読まないんですよ。

会場　（爆笑）

――これは「内田先生あるある」で、内田先生のゼミ生であったり、道場の門下生でも、見事に内田先生の本を読んでないんですよ。時期によっては「月刊 内田樹」っていうぐらい、本をたくさんお書きになられているのに。

内田　（苦笑）

光嶋　僕のように、男性は本をきっかけにして入門することが多いので、本を読まなければ内田 樹には出会えない。男性はみんな頭でっかちの状態で内田先生に出会うことが多い。一方で神戸女学院の合気道部の人たちは、内田先生とは顧問と教え子という関係なので、先生の本を一切読まない。でも結婚してから、僕が「先生のこの本読めよ」とか、「先生こんなこと書いてるよ」って言うと、春ちゃんは「あぁ、知ってる知ってる」って。なぜ知ってるかと言うと、道場のお稽古で先生が言葉でお話しされて、その時に伝えてくれているので、妻は本を読まなくても、「先生、前からそう言ってるじゃん」って。

――合気道の稽古は黙々とするんじゃなくって、先生が身体の使い方とかを、何かに例えてお話しされることが多いですから。

光嶋　フランス哲学とか、映画論とか、どんなお話をされても身体論が出てくるんですよね。それを妻に言うと、「うん、知ってる知ってる」みたいな。まさに生身の内田先生を、本を介さないで受け止めているっていうのは、僕からしたら羨ましいというか、贅沢というか。

――今日のパネリストのみなさんも合気道をなさっているので、その辺りの感覚は共有され

ているわけですよね。

祝福の言葉で、身体が受け入れた「新たな命」

――いい感じで場が温まってきましたから、ここから本格的に「子育て」の話に進みましょう。どこからどこまで、いつからいつまでが「子育て」なのかというのは、なかなか一概には言えませんよね。お腹に赤ちゃんができましたっていうところから始まって、学校に通うようになりました、成人しました、もう親元を離れます、経済的に自立しました……みたいな辺りで終わりかな？ぐらいが、やんわりと共有されているかも知れませんが、実はその前史もあるし、子供が家を出てからも、まだ子育て終わってないなぁ、と感じることもあったりするし。それは常に不可逆的な時間論であり、「生もの」としての身体論でもある。

岡山亜里咲さんにインタビューした時に印象に残っていたのは、「合気道をやっていたから、お腹に子供ができたということを受け入れられた」というお話だったんですが。

岡山亜里咲さん（以下、敬称略） 私は結婚してすぐに子供が欲しいって思ってたんです。その時はたぶん、自分の中で「これがやりたい」っていうことがなかったから、子供ができて、子育てをしたら充実するんじゃないかなって思いがあって、子供が欲しいなって思ったんですけど。でもその時には、夫は「まだ欲しくない」って言っていたので、「じゃあしょうがないなぁ……」と合気道に打ち込んでいたら、合気道がどんどん楽しくなっていって。そうしているうちに、いつの間にか子供ができてしまって、それが「今は欲しい時期じゃなかったな」という時だったんですよ。

最初は一人で悩んでいたんですが、夫に相談したら「とにかく産みなさい」って説得されて、「じゃあ産もう」って。で、合気道で受けを取ったりしていたので、お腹に子供がいたら受けを取れなくなるので、最初にそのことを内田先生にお伝えしたら、いつの間にか、子供ができたことが道場のみんなに広まってしまって（笑）。

岡山 亜里咲さん

会場　（笑）

――内田先生が軽くフライングしてしまった、みたいな。

内田　あれ、言っちゃいけなかったの？

岡山　まだ安定期じゃなくて、ひっそりやっていこうかな……と思っていたんです。でも気づいたら宴会の場で、もうみんなが知っていて、「おめでとう」って言われて、「えぇ～」ってなって（笑）。でもその時、みんなから「おめでとう」って言われたことで、「あぁ、おめでたいことなんだ」って思って、やっと納得できて、ちょっとずつ出産に向けて気持ちが整っていったというのがあります。

――お腹の中に子供がいる間に、何か苦労したことはありましたか。

岡山　つわりとかもそんなにひどくなかったので、妊娠中も毎日、凱風館に来て。受けは取らないけど、身体は動かして、お掃除はしていましたので、凄く健康的でしたね。しかも、道場内の仕事はストレスフリーなので（笑）。全然、大変なことはなかったです。

――女性の方はお腹に子供ができた時に、何よりも自分の身体そのものに大きな変化があります。その時の身体のコンディションに応じた「身体の使い方」を、岡山さんは自然に実践しながら、出産の直前までお稽古をして、書生というかたちでお手伝いし続けられたんですね。

さて、その隣の砂田さんは、奥さまが３週間前にご出産されました。改めて、おめでとうございます。

会場　（拍手）

――砂田さんのインタビューをしたのは去年の11月でした。その時に、三人目のお子さんの予定日がちょうどこのフォーラムの頃だろう、と。でも３週間前にめでたく、三人目の次男さんがお生まれになって。お名前は今回も、釈先生に名付けてもらったんですよね。

砂田祥平さん（以下、敬称略） はい。うちは三人とも、釈先生に名付けていただきまして。

――さっきの「佐分利信プロジェクト」の話にも出てきましたが、釈 徹宗先生は大阪の池田にある如来寺というお寺のご住職さんで、相愛大学などで宗教学を教えていらっしゃいます。

砂田 うちの夫婦は釈先生に、凱風館で仏式で結婚式を挙げていただきまして。凱風館で結婚式を挙げた第1号というご縁もありまして、甘えついでに子供の名付けをお願いしました。

――今日は奥さまの沙紀さんの体調が良ければ、パネリストとして海運堂の話をしてもらおうと思っていたんですが……大事をとって客席の後ろで、旦那さんのお話をチェックされています（笑）。砂田さんはご自身の本業であるＩＴ会社を経営しながら、海運堂をサポートされていますが。

砂田 なぜ海運堂を始めたかというとですね、単純に夫婦で「居場所があればいいなぁ」って話をしていたら、二人で凱風館にお稽古に行く時に、たまたま「近くに一軒家の借家が空いてるよ」って聞きまして。でも、「絶対に高いだろうなぁ」、「僕の安月給じゃとても住めないだろうなぁ」って思っていたんですけど。一方で、凱風館は一つの「場」としていろんな機能があるんですけど、そこから更に我々にできることがないか、新しい場を創れないかという話になって。そうして立ち上げたものが海運堂というかたちになりました。海運堂という名前も、内田先生に付けていただいて。あくまでも半分は自宅なんですけど、残り半分のスペースを開放して、さまざまなイベントに使ってもらっています。

――ここから歩いて2分ぐらいですね。

砂田　そう、2分ぐらいなので、凱風館関係の方の宴会の場になったり、合気道をされている方以外にもよく来てもらっています。子育てのイベントであったりとか、そういったものもしていますし。

――子育て中の主婦の方々が集まって、政治の話をするという会もあるんですよね。それが面白いなぁと思って。子育て中の方というのは、もちろん毎日の生活が大変で、世の中のこととか政治の話をするような機会があまりない。またそういう話をすると、「なんだろ、この人は」みたいな気配もあって、ちょっと話しづらい、話す機会も場所もないというところで、凄く喜ばれているようです。

砂田　そうですね。「憲法カフェ」というのを何回かやっていまして、僕は出ていないんですけど。そういった政治的な話とかって、子育てでどうしても家に閉じ込められている、社会とのつながりがあまりないというお母さん方には、敬遠されがちだった。でも実際には、みなさん興味はあって、そんなことを話せる「場」があれば……というような方に向けて、「憲法カフェ」をやっています。

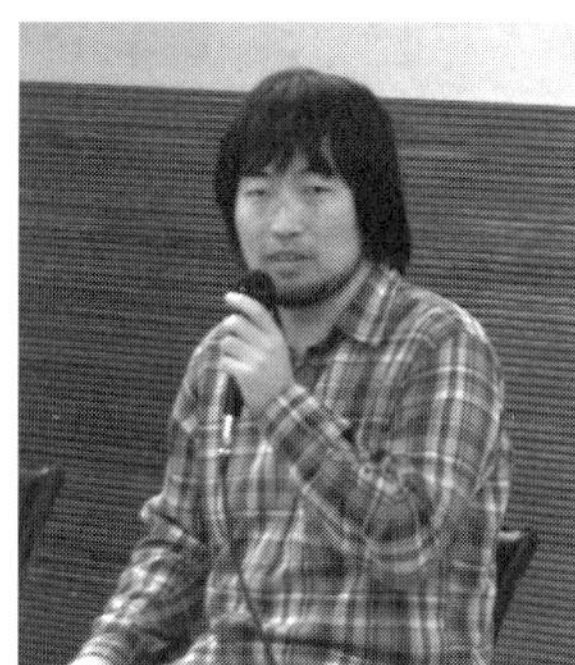

砂田 祥平さん

――実は子育て中って、「子育て以外のこと」をどんどんした方が良いんですよね。主婦の方々

が集まって政治の勉強会をするというのは、とても良いと思います。社会について考えることから、「子育てって何?」というルートも有効でしょう。

何かのためではない。子育ての時間は、常に「本番」

――世の中では「イクメン」って言ったりとか、男性が子育てに関わることがわりと普通になってきましたけど、「イクメン」って言葉があるかぎりは、男女が平等に子育てに関わっているわけでは、決してないんですよね。お母さんは赤ちゃんを身籠った時から身体を通じて、子育てに関わっています。なので、相変わらず子育てのかなりのボリュームというのは、女性の側にあるわけで。

飯田先生はフェミニズムについても見識をお持ちなのですが、「子育ての男女平等」という辺りで、なにか思われることとってありますか。

飯田　私は仕事で名古屋に泊まる日もありますし、出張出張で数日家にいない時もあるんですけど、本当に佐藤と二人で子育てしていると感じています。私が家にいる時の家事の分担については、「私の方がしている」って言いたいけど(笑)。でも子育てに関しては、今までも二人で話し合ってやってきてますし、私は仕事の時も安心して家を出ています。彼がご飯も作ってくれるし、お弁当も作ってくれますから、全然問題なく、同じように子供に関わってきたなぁって思います。まぁ子供もそれに馴れていて、私がいない時は、「パパと一緒だからできる楽しい遊び」があったりとか、私が帰ってきたら帰ってきたで「私としたいこと」もあったりして、それぞれのやり方で。子供なりに少しばかりは気を遣っているのかなとも思いますけど。

そういう意味で言うと、私が遠くに働きに行って、子供が小さい時には悲しい思いをしてるのかなって時期もあったので、小学校の1年生になる頃までは、とにかく外に泊まらないように、必ず家に帰るようにはしてましたけど、日帰り続きはちょっと私がしんどくなっちゃって。今は外泊ができるようになって、そのことで却ってパパとの時間が増えて、良かったなって私は思っています。私がいない分、二人ならではの関係を作っていくことになって良かったと思ってますけど……どうですか？

佐藤　そうですね、私はさっきお話しした通り、元々は内科医なんですけど、今は大学の教員をしているので……時間的にもいわゆる「お勤め」ではなく、ちょっと変わった仕事をしているんですけど。その分、子育てとか家のことに関わる時間はあって、それはそれで自分にとって非常に重要なことなので、わりと自然にやっていけてるのかな、と思います。

今日こうして子育てに関わっている方の話を聞いて思ったのは、今は私たち二人の話をしましたけど、内田先生もお一人で子育てされていた時期があって。世の中にはお一人で子供を育てていらっしゃる方もたくさんいて、それぞれの家庭の事情とか、それぞれの立場で、子供に対する思いは変わると思うんです。だから、簡単に一般化はできないのですが、私の場合はやっぱり合気道に大きな影響を受けているんですよね。合気道の一つの特徴として、「試合をしない」ということがあるんですね。それでは合気道をする上で何が大事になってくるかと言うと、やっぱり稽古なんですよ。稽古が合気道の「本番」なんですよね。稽古そのものが合気道の本質的な活動なんです。また、合気道ではよく、「稽古で学んだことを、実生活に活かす」という言い方をすることもあります。

子育てって「いつか、何かの時」のためにするものじゃなくて、子供と過ごす時間そのものが「本番」ではないかと思うんです。子供にとっても自分にとっても、その時間そのものが本番だと思って過ごすようにしています。

——子育ては、いつか、何かのためにするものではない。子供と過ごす時間そのものが「本番」だというのは、とても豊かな考え方だと思います。

とはいえ、佐藤さんや飯田先生のところのように、子育てに合わせてお仕事の段取りを組んで、うまいかたちでシェアしていくっていうのは、一般的にはなかなか難しかったりします。そこで、共同体論というのが必要になるのかな、と。

私自身は大阪の西成、天下茶屋というド下町の長屋で生まれ育ったので、自分としては路地に、ストリートに育てられたっていう実感を凄く持っているんですね。親の眼から離れたところでも、子供たちが路地にいるかぎりは、放ったらかしておいても大丈夫。勝手に遊んでいるのを、誰かが見ているという環境の中で、夕方になったら家に帰ってご飯を食べるという感じで。小さい時から年上のお兄ちゃんとかも近所にたくさんいたので、遊んでもらったりしながら、結構な時間を親の手から離れたところで育ってきた。１９６０年代当時の路地って、そういう場所だったんです。

そういう路地的なものに替わる共同体的な何かが、ここ数年、少しずつ出てきていて。子育ては核家族で、お家の中だけでするものじゃないっていう流れが出てきている。凱風館というのも、たまたまそうした流れのワン・オブ・ゼムで、その延長上に海運堂がある、というのが私の認識でもあります。

岡山さんのところは、ご主人が京都の大企業にお勤めですから、「子育てのシェア」という点ではどうしても時間的な制約があると思いますが。

岡山　堀埜さんのお話をお聞きしていて、おっしゃっていた「路地」というのが、まさに凱風館と海運堂、その間にある公園も含めたこの一帯が、そんな感じの場だなと思っていて。今も子供を誰かが見てくれていて、ここに来たら誰かが子供を見てくれる。だから凱風館に来ると、落ち着いて一人になれる。別に誰かに「お願いします」と言っているわけじゃないんですけど、気づいたら誰かが見てくれている。「あれ、どこかに行ってる？　海運堂？　公園？」って、そんなゆる〜い感じで、みんなが子育てに関わってくれているなって思いますね。

シェアされた「場」に、必ず必要なもの

――マーケティング・アナリストの三浦 展さんが『第四の消費 つながりを生み出す社会へ』や『毎日同じ服を着るのがおしゃれな時代 今を読み解くキーワード集』（光文社・2016年）などの著書でおっしゃっているのは、これからは人と人のつながりに対しての消費が中心になっていくので、いろんなモノやコトをいかにしてシェアしていくかが重要だと。そこには共同体的なもの――三浦さんは共同体ではなく、「共異体」と表現されていますが――全然違う世代とか職能を持つ人たちが集まって、ゆるやかに連携しながら、自分たちが出し合えるものと求めるものというのをマッチングさせることが大切だと。

私は凱風館というこの「場」で起こっていることは、まさしくそれだと思っていて。凱風館という場所ができたから、みなさん安心して、「子供、産もうかな」って。安心して子供を産んで、育てていけるんじゃないかという「ゆるやかな確信」が共有されている。受け入れてもらえそうな場がある、ということですよね。

飯田　私は今は合気道の稽古にはなかなか来れないんですけど、だからといって「行かないとダメだ」とか「あの人は最近来てないから」とか、そういう感じはなくって。いつ来てもいいし、来なくなってもいい、「入りやすくて出やすい」というのが、凱風館の有り難さだと思っています。人の風通しがいい、というか。

――もともと光嶋さんが設計した段階では、建物としての凱風館は「スペース」でしたけど、そこには「道場」という人が出入りするための仕掛けや計算があって、ゆえに自然と「プレイス」になっています。単なる「空間」ではなく、人が出入りすることで「つながり」が生まれる「場」。内田先生の「街場の」というシリーズに出てくる「街場」という言葉がまさにそうなんですが、入りやすくて出やすいことが「ええ感じの街」の条件だというのが、私の持論でもあります。

内田先生が凱風館を建てられた時、もちろん建物としては「自宅兼道場」ということなのですが、共同体的なものについて、どの程度意識されていたのでしょうか。

内田　凱風館の前身にあたる道場は1991年の4月の設立なので、自分が先生で、合気道の弟子がいるという状況はもう20数年前からなんです。当初は大学の体育館と市立体育館を借りてお稽古をしていました。でも、それと自分の道場を持つというのは全く違うことなんです。公立の体育館の武道場で、週に1回とか、2週間に1回顔を合わせる師弟関係って、変な話ですけども、わりと薄い関係なんですよね。もちろん一緒に合宿に行ったりしますから、だんだん仲良くなるんですけれど、道着を着ているところしか見たことがない。どんな家庭生活を送っているのか、どんな社会生活を送っているのかは、全然分からない。ほんとに道場で会うだけの人なので。だからある意味では、僕が合気道の技術を提供して、それに対して幾許かの稽古代を払ってもらうという、商取引みたいな感じにもとることができる。そういう自由な、来ても来なくても良いし、嫌になったら辞めちゃえばいいという、かなりドライな関係だったんですけども。でも、道場を作るとなったら、もう全く違うわけですよ。誰のものでもないニュートラルな場所に、僕も彼らも集まって来て、稽古が終わったら解散するっていうのとは違って、ここは2階が僕の家ですから、「僕の家に人々がやって来て、そこで稽古する」っていうことになっちゃう。それはもう、それまでとは全く違うことになります。

――今日、みなさんは実は、先生のお家にお越しになられているわけですよ。

内田 階段を上がると、僕の書斎があるので。時々間違えて、「トイレこっちですか?」って、あんまり知らない人が上がって来るんですけど。

会場 (笑)

内田 凱風館を開く時に、多田先生に「先生、これから道場を開くんですけど、道場を開くにあたって心すべきことは何でしょうか?」ってお訊きしたら、先生がにやりと笑って「変な奴が来るよ」っておっしゃった(笑)。

会場 (笑)

内田 それは本当に味わい深いアドバイスだったと思います。別に先生は入門のハードルを上げて、変な奴は入れるなとか、戸締りをしっかりして、セキュリティを高めろとか、そういうことを言われたわけじゃないんです。そうじゃなくて、道場を開くというのは、自分の場所を開く、オープンスペースにするということですから、当然それだけのリスクがある。そして、そのリスクは、絶対に引き受けないといけない。でも、多田先生がおっしゃったのは、それはリスクじゃなくて、道場を開くということの一番面白いところだ、と。それを「変な奴が来るよ」という一言で教えてくださったと思います。

さっき堀埜さんは「共異体」っておっしゃったけれども、「こんな人が来る」とは思わなかった人が来てしまうことが実際に間々あるわけです。それは受け入れなければいけない。そういう人が来ても、「変なのが来たなぁ」と思っても、受け入れて、その人が他の門人の稽古の邪魔をしたりしないように、その人自身が楽しく稽古ができるように、そして、僕もあんまり気を遣ったりしないで済むように、僕自身のマインドセットを切り替えないといけない。管理者的なマインドだと、それはできないんです。面倒で。道場で絶対にトラブルが起きないように、ピリピリしているともうこっちの身体が待たない。だから、ある程度無関心になるしかない。変な話ですけれど、道場を安定的に管理しようと思ったら、あまり神経質にならないで、「まあ、大体でいいや」と、自分の家だけど、半分他人の家みたいな気分で放り出す。

僕が2階で仕事していると、ガラガラって下で玄関が開く音がする。道場の鍵を持っている人は六人いるので（笑）。誰かが入って来て、何かしてるんですね。春ちゃんが来たのかなとか思っているうちに、こっちは仕事に夢中なので、そのまま放っておく。すると、しばらくしてまたガラガラガラと玄関が閉まって、下がしーんとなる。結局、誰が来て、何をしていたのか分からない……。

会場　（笑）

――特に、「先生、今来ました」というようなこともないんですね。

内田　ないですね。特に僕に用事がある時以外は、２階には顔を出さないです。あーりんと春ちゃんの笑い声が聞こえる時は、「あーりんと春ちゃんが来ているんだな」とか分かりますけど。あとは子供がピーピー言って走り回っている時とかは。階下に人が来たけれど、気がつかないうちにまた帰っていなくなった、ということはしょっちゅうあるわけですよ。だから、道場は僕の家じゃないんです。パブリックな場所なんです。自分の家の中にパブリックな「入会地《いりあいち》」みたいなものがある。だから、凱風館については、「全部俺らしく、俺の趣味で統一する」とか「隅から隅まで、自分の責任で管理する」とか、そういうことはもうきっぱり諦めました。みんなに凱風館はこういう場であってもらいたいっていう、夢や希望がありますよね。だったら、それを場に託して、自分でそういうものを作ってくれたら、それでいい。それをみんなが共有すればいい。道場を作って8年になりますけど、最初にあったのはただの空間なんです。でも、8年経つと、たしかにここには空間以上のものがある。それは、この場所に対するみんなの愛着と敬意が作り込んだものです。

そうなんです、「敬意」なんですよ。さっきの話ですけれど、「変な奴」にも、道場に入れてよい「変な奴」と、道場に入れてはいけない「変な奴」の2種類があるんです。この道場に入れるたった一つの条件は、玄関を開けて、この道場の中に足を踏み入れた時に、この場に対する「敬意」を持つというということです。ここに一歩足を踏み入れた時に、「あれ、ここはちょっと空気が違うな」と思って欲しい。それだけでいいんです。外の自分のいた世界から地続きで、そのまま土足で入って来て欲しくない。道場の入口には霊的な境界線がある。その境界線を越える時には「何か」を感じて欲しい。何を感じるかは、一人一人違うんですけれど、でも、ここはたくさんの人たちの愛着と敬意が込められている。それだけ厚みのある豊かな空間になっている。そういうものが「ある」と感じてくれたら、それでいいんです。その唯一の条件さえクリアーしてくれたら、僕は受け入れます。

学ぶべきことを、勝手に学ぶ子供たち

――今の先生のお話はまさしく、「他者をいかに受け入れるか」ということですよね。

視点を変えれば「子育て」、特に乳幼児期というのは、究極の「他者を受け入れる」ことでもあります。赤ちゃんには言葉が通じないし、何を考えているかもさっぱり分からない。しかし自分は今、目の前にいる「我が子」と関わり続けなければいけません。

飯田先生は子供ができるかどうか分からない中で、仁怜さんが授かり物として「やって来た」とおっしゃっていましたが。

飯田　本当に「やって来た」という感じでした。そもそもお腹から出てくるまで、どんな人なのか分からないし。

――逆に分かっていたら、びっくりしますよね（笑）。

飯田　お腹にいた時は、出てくる子と気が合うといいなぁって思ってたんですけど（笑）。仁怜は一人っ子なので比較ができませんが、ご兄弟があるご家庭だと、兄弟姉妹で全然性格が違うというお話もよく聞いているので、娘が私が思っていた感じと違う時は、「彼女の個性だな」と思うようにしているんです。だから、どんな性格になっても、それは私のせいじゃない（笑）。

会場　（笑）

飯田　彼女が元々持っている気質でもって、生きているんだなぁって、いつも思うようにしています。私とは違う人がたまたまやって来てくれて、一緒に「どうぞよろしくね」という感じで過ごしていますね。

――そういう風に考えられるということが、面白いですね。一般的には「子育て」というと、子供をこういう風に育てたいとか、こんな学校に入れたいとか、習い事は何をさせたいとか、親には子供を「自分の思い描くレールに乗せたい」という思いがあるのでしょうけど……、実は最近、その辺りも少し変わって来たのかな、と思っているんです。今回、みなさんにインタビューして、わりと共通していたのは、「子供には合気道をやってほしいけど、それはあくまでも自分がやりたいって言ったら」という点です。「子供に習わせる」という感じではない点で、共通しています。

岡山　凱風館には「少年部」というのがあって、子供は4歳から習えます。私はお腹に子供がいる時から凱風館に来ていて、今日も息子の多恕《たゆ》を連れて来ているので。多恕はまだ合気道を習ってはいませんけど、いろんな言葉を覚えているし、技もなんとなく掛けたりできるんです。でも、改めて「合気道、習う?」って訊いたら、「やりたくない」という返事が返ってくるような気もしています。今のところは、遊びの延長で学んでいるところがあるかもしれません。

――遊びの延長で自然に学んでいるということでは、さっきフォーラムが始まる前に光嶋さんとお話ししていた時の、結衣《ゆい》ちゃんのエピソードと共通しますよね。

光嶋　そうですね。ここに老松があって、植芝先生の写真がありまして。合気道のお稽古では、内田先生が「安定《あんじょう》必ずしも山水を用いず、心頭滅却すれば火も自《おの》ずから涼し」とおっしゃって礼をするところから始まるんですが、一昨日の夜、娘が突然風呂上がりに、「安定必ずしも……」って語り出して。こんな難しい日本語をピタッと言ったんで、「えぇー」っと驚いて。そういう姿を見ていると、僕自身はさっき言ったように強弱勝敗を競って、少しでも早くうまくなりたいという感じで育った人間ですので競争原理にも感謝してるんですが、「あの人はいいなぁ」とか、他人と比べてしまっても、他人に嫉妬するっていう概念は、何も生み出さない。それとはぜんぜん違う感覚で、娘は合気道というものに自然と回路を開いているんだな、と思います。

――子供は「学ぶべきことを、勝手に学ぶ」という、典型的な例ですね。

光嶋　娘は生まれる前の妻の妊娠時代から、ずっと妻と「合気」していたわけなんです。そういう状態からずっと見ているので、「いつか娘に合気道をやってほしい」という思いは強くありますけど、彼女なりに改めて出合ってほしい、と。僕は内田先生を師とすることで、強弱勝敗の世界から脱することができました。コンペティティブな時代があったからこそ、そうした「気づき」を与えてくれた合気道に対して、より深く感謝している。だから娘には娘の、僕とは別の「合気道との出合い方」があってもいいかな、と思います。

――そんな光嶋さんですが、「結婚して子供ができたら、帰国子女にしたい」という思いが、

強くあったそうですが。

光嶋　僕はアメリカで生まれ育った帰国子女で、アメリカにいた頃は、家の中は「日本の光嶋家」ですけど、一歩家の外に出るとアメリカで、そこでは英語を喋らないといけない。僕にはブライアンという英語の名前があって、家を出たらコミュニケーションは全て英語だった。でも今振り返ると、ブライアンはコンプレックスの塊なんですよ。だって英語を喋れば言葉は通じるのに、周りのジェニファーやマイケルは金髪で、眼が青くて、それを見ると、「俺、どう見てもこの社会に属してないな」っていう。別にいじめられていたわけじゃないですけど、やっぱりどこかに強い疎外感はあった。でも家に帰ると、光嶋家は一体で親から愛情を浴びている。その中で、兄弟で競っていて。そんな風に、僕は結婚する前はとにかく自分の両親しか知らなかったので、「結婚するんだったら両親みたいになりたい、自分の子供は帰国子女にしたい」って。

――かたくなに「自分の子供は帰国子女にしたい」なんて、これから生まれてくる子供にとっては、軽く迷惑な話で（笑）。

会場　（爆笑）

――自分が帰国子女だったから、自分の子供も帰国子女にしたい。だから、「外国の女の人と

結婚したら帰国子女にできる」とか。実際に結婚するまでは、そんなことを考えていたんですよね。

光嶋　それができないんだったら結婚しなくてもいいとか、子供の親になる資格がない、くらいに思っていたんです。でも、いざ子供が生まれるとなったら、妻がつわりの時から、あらゆることが思い通りにならないって。でも、それが子育ての面白さっていうか。帰国子女にしたいっていうのもそうだし、結婚するまでは息子しか欲しくないって思っていましたから。男3兄弟の家族で、いかに次男を溺愛するかって。

——もの凄く狭いところで、子育てのイメージを持っていた（苦笑）。エコー図を見た時にも、そんな思いが出ちゃったんですよね。

光嶋　お腹にいる時から、とにかく男の子としか思っていなかったので、エコー図で見た時にチラッと影が映ったら、「あ、今のあれですよね？」って先生に訊いたら、「今のはへその緒です」って。それぐらい前のめりで。その後、5カ月の時に娘だと分かって、「あぁ〜」っていう。

そんな自分でしたが、合気道を始めて、「そういうことじゃない」と分かってきたような気がした。さっき佐藤さんがおっしゃったように、子育てはその瞬間その瞬間が楽しい、ということに気づいたんです。

僕にとって子育てが楽しいのは、その瞬間その瞬間がどうなるか分からないからなんだと。

合気道と出合って、実際に子育てをするようになって、自分の親から受けたことを自分なりにその瞬間しなきゃいけないという「重さ」から解放されて、少し楽になりました。どうなるか分からないからこそ、自分でコントロールし過ぎないようにしてとにかく最大限楽しみたい。子育ては、答え合わせのできない問題なんじゃないかっていう。もちろん自分が親にしてもらって嬉しかったことはなるべく子供にしてあげたいのですが、それだけじゃない、というのが僕にとっての子育てなのかなと。

——それで帰国子女にすることを諦められたわけですね（笑）。

光嶋さんの場合は、「自分がしてもらったことを、そのまま自分の子供にもしてあげたい」ということなんですけれども、逆に「自分は親にこうやって育てられてきて、それが非常に辛かったから、自分の子供はそれとは違うように育ててあげたい」というパターンもあります。自分が親にしてもらった「育てられ方」というものを、自分が親になって子育てにどのように反映させるかというところについて、順にお伺いしましょうか。岡山さんは、親御さんとの関係でとても悩んだ時期があると、インタビューでおっしゃっていましたが。

岡山　あの……、光嶋さん、凄いですね（笑）。私は絶対に、親と同じようには子供を育てなくないって思っていて。うちはとにかく厳しくて、「こうしないといけない」、「このレールの上を歩みなさい」ってところを、自分の意思とは関係なく、歩かされて来て。

——岡山さんは、お兄さんと二人兄弟でしたよね？

岡山　そうです。二人兄弟で、お父さんは銀行員、お母さんは専業主婦で。いろいろありながらも、私は自分の家しか知らないし、自分の両親と家庭しか知らなかったので、「これが普通なんだ」と自分に思い込ませていました。「しんどい、でもこれが普通なんだから、反発したらあかん」という調子で生きてきたんです。それが、大学に入って内田先生に出会って、合気道を始めた頃に、何かのタイミングで内田先生が、「うーん。あーりんのおかあさん、大変だよね」とおっしゃって。その言葉に、すごく救われたんです。

内田　そんなこともあったかなぁ。

岡山　それで、「うちの母は、やっぱり厳しすぎた」と思えるようになってから、親の呪縛が少しずつ、本当に少しずつ、解けていったんです。だから自分の子供には、とにかく自由にさせてあげたいな、と思っています。

――インタビューでは、自分の子育ては終わって落ち着いたというお隣さんのご夫婦がいらっしゃって、よくお子さんの面倒を見てもらっているということでしたが。

岡山　はい。今住んでいるマンションに引っ越して3年ぐらいなんですけど、引っ越しの内覧に行った時に、今のお隣さんがマンションの管理人さんだったので、そこで「はじめまして」とご挨拶して。ちょうど妊娠中だったんですけど、「何かあったら言ってね」って最初からお声がけいただいて。それで出産後にちょっとずつお会いするようになって、2カ月ぐらいからは子供を預けて、お稽古に行ったりするようになりました。「今日、子供は?」って訊かれたら、「お隣さんに」って。

私たちが連れて行っていない、アンパンマンミュージアムとか……料金が高いから連れて行かないんですけど、お隣さんは連れて行ってくれて、とても良い関係です(笑)。

――砂田さんの場合は、どうでしょうか。

砂田　僕自身は親がある意味、今の海運堂に近いというか……いくつかの家族と一緒に子供を育てていた、という感じでした。今思うと、凄いことをやっていたんだなと思いますけど、僕の3つ上とか、10歳ぐらい離れている子供たち二十人ぐらいが一緒に、どこかに遊びに行ったり、誰かの家に集まったりして。親は親で話して、子供たちは子供たちで遊び回るというような……。

――それはご近所付き合いの中で自然に、という感じで?

砂田　ご近所とかではなくて、後々になって考えたら、政治的というか、同じような思想を持っている人たちが集まって。

――同じような思想を持った人たちの集まりって?

砂田　「新婦人」っていう。

――「新婦人」ね。「新日本婦人の会」P45＊注2参照**って、みなさんご存知ですか?**

砂田　そうですね。日本共産党と関係が深い婦人団体というか。僕はまだ子供だったので、そういうのは全く意識せずに、何かそういうのがあるんだなぁって……。ここまで僕は、かなりぼんやりと生きてきたので。ただ今、海運堂のことを考えると、気がつけば同じようなことをやってるんじゃないかって思います。

もう一つ、今年の年明けから僕自身で会社を始めたのですが、幸いなことに何人か一緒に働きたいというメンバーも来てくれたんですね。その中に、インタビューでもお話ししましたイトウさんっていう方がいまして。今日もここに来ていますが。

――ずっと子供たちと、遊んでくれていますね（会場後方のマットを敷いた特設キッズコーナーで）。イトウさん自身はなぜ今、自分がフューチャーされているのがお分かりじゃない。

砂田　そうです。彼は今回の僕たち夫婦のインタビューは読んでいないらしいので、自分のことをなんて書かれているのか知らない。インタビューの当時は、「毎週うちに来るイトウさん」という扱いだったんですけど、今はこのすぐ近くにまた家を借りまして。一軒家なんですけど、1階をオフィスとして使って、2階が空いているのでイトウさんともう一人で住んでいるんですね。20代の独身男性が二人でシェアハウスして、彼らは彼らなりに非常に楽しそうに生活していまして、毎日、肉の焼き方がどうだこうだみた

海運堂での絵本の読み聞かせの様子

いなことを二人でやりあっているんですけど（笑）。

――それは楽しそうですね。

砂田　砂田家としては彼らに非常に助けられていまして、「幼稚園、4時にお迎えにきてください」とか言われた時に、僕自身は打ち合わせで遠くにいて、うちの奥さんもまだ出産したばかりなので誰もお迎えに行けないって時に、社内用にチャットツールがあるんですけど、それで「イトウさん、今日お迎えに行ける？」って。もう幼稚園の先生も、「今日はイトウさんね」って（笑）。うちの奥さんと話してたんですけど、今思うと、自分も親からされてきた子育てに関してはいろんな年代の人が関わっていたと思うので、「同じ感じなのかなぁ」と。

海運堂にはそれこそ、合気道関係の幅広い年代の方が出入りしてくださって、非常に助かっているんですけど、同年代の方同士だとどうしても、例えばこの時間帯は子供の面倒見るのは難しいみたいなことがありますが、20代の男性はまぁ、とても自由で（笑）。

会場　（笑）

砂田　しかもなんだったら、僕の会社の従業員なので、「お前、お迎えがあるから先に帰るって、なんだよ」みたいなことは逆にないので、とても有り難いと思っています。

内田　砂田くんが奥さんと出会って海運堂を始めたことも、やっぱり運命的な何かがあったんでしょう、きっと。

――砂田さんのところはたまたま「新婦人」でしたが、昭和のある時代にはいろんなかたちのコミュニティがありました。それらが核家族化の進行とともに徐々に失われていったのですが、今またなんらかのかたちで復活し始めている、ということかもしれません。特に東日本大震災以降は、その傾向が顕著ですね。

「リアル似非じいじ・ばあば」の有り難さ

――さっきお話しした「共異体」にもつながっているんですが、凱風館や「サードプレイス」などと言われているいろんな場所に共通するのは、ライフサイクルやライフステージが異なる人々が一緒にいることによって醸し出せる「場の気配」が大切で。そして内田先生のお言葉をお借りすれば、そこには「敬意」が必要になってくる。

光嶋　ちょっと、二つ言いたいんですけど。まず1点は、僕と妻と東沢さん夫妻との共通点は、まぁ四人とも合気道をしていて、夫婦円満の秘訣が「妻に合気道をさせる」ということではないかと。妻が合気道のお稽古にさえ行っていれば、それで円満。少しでもイライラしてるなぁと感じる時というのは、お稽古に行けてないからだったりする。我々の子育てのデフォルトは、僕がお稽古したいとかそんなものじゃなくて、「お前はお稽古に行って、後の気道のお稽古ができていない時だと思うんですよ。

ことは任せろ」ということかと。うちも東沢家もとにかく、嫁がイライラしている時は、合

――なんとなく分かります。

光嶋　それと、さっき観客のみなさんにはドン引きされましたけど（笑）、僕は子供を帰国子女にしようと思っていたのですが、実際に帰国子女にできないとなって、自分の親のことを思い返してみると、僕は親の友達に会ったことがなかったんです。僕の父親は大企業で働いていて、母親は専業主婦だったんですが。

――昔はむしろ、それが一般的だったのかも。

光嶋　年に1回、ファミリーデーというのがあって、父の会社に家族で行けたんです。そこで子供なりに、「うちの親父は、こんなに偉いんや！」と思って。一丁前に英語で仕事をしてるんですね、一丁前って、父に失礼かもしれないですけど（笑）。広いデスクの上には、家族の写真が飾ってあったりして。そういうのを見た時に、ちょっとだけ父親の像が変わるんですよ。でもその1日だけなんです、ファミリーデーの時だけ。それ以外、普段は父が何をしているのか、全く分からない。

僕は自分の娘に対しては、僕が両親にしてもらえなかったこと、それはつまり父の友達に出会えなかったことの裏返しで、僕という親の友達も含めて娘と接するようにしたい。要するに「大人の世界」を見せると言ってもいいかもしれません。凱風館には「リアル似非じいじ・

ばあば」がたくさんいてくれますし。それと、合気道やお能の稽古で親が失敗したり怒られたりしているのを娘が見ているということも。親の習い事を見るという経験も、僕にはなかったので。

「帰国子女に」という僕にとっての初期の子育てモデルはもう崩れてしまったけれど、自分の友達や「リアル似非じいじ・ばあば」たちと集団的に子育てをすることで、彼女に僕の背中を見せられる。そうやって育てるのが正解というわけではないのですが、取り返しのつかない、大事な瞬間瞬間を楽しめるっていう。だから子育ては予測不能という意味で困難なんだけれども、その困難が楽しいのは、きっとそういう「どうなるか分からない」ってことから豊かな発見があり、それを楽しもうというのが、今の自分の答えなので……。

まぁそれは結衣がこれからどう育つかによっても、変わってきますけど。

――10年ほど経ったら、「あの時こんなこと言ってたのか」みたいになっても、それもまぁ面白いでしょう。

飯田先生、さっきから話が出ているのは、自分が親から受けた育てられ方が、自分の子育てにどうつながっているかということですけど。

飯田 そうですね。うちは今、私が仕事で家にいない時、愛知県の実家の母に家に来てもらっているので、母から学ぶことは今でも結構あるんです。私が名古屋に行った時は、母のいない空の実家に泊まったりしてるんですけど。母からいろいろ教わったり、まぁ自分の経験を通して、娘との関係を作っているところもありますし、娘が直接母からいろいろと教わりながら、育ててもらっているところもあります。

今、凱風館とのつながりの話で思ったことは、私自身は山を切り崩して作ったような新興住宅地で育ったから、みんな一緒に「入植」というか、同世代でまとまって移り住んだので、だから友達が凄く多くて、あちこちにいて、そういうところで育ったんです。だから、子供同士の行き来が凄くあったんですね。一緒に遊んで、誰かの家に行って、お菓子食べてってという風な。そういう子供の頃を思い返しながら、今うちもわりとお友達が遊びに来てくれていて。私がそうだったように子供もご近所のお友達と自由に遊べたらいいなぁ、と思っていたのが、ちゃんとそうなっていて。時代を考えると、昔よりも近所付き合いに難しいことが増えているのかもしれませんが、相変わらずそれができているのは、凱風館ですごくオープンに人が行き来している状況でも、まぁなんとかなるってことを肌で知っていますから。昔、私がそうしてもらっていたように、今の環境の中でもご近所のお友達同士で遊ぶってことに、あまり怖さも感じずに「どうぞどうぞ」と行き来することができているのかな、と思います。

――佐藤さんはいかがでしょう。

佐藤　私は両親が医者で、わりと周りにも医者が多かったので。こういう風に育てられて、こうしなきゃというようなことを考えたことはあまりないのですが、むしろ今になって思うのは、自分の生き方みたいなものを「こんな感じかな？」って見つけるのに、時間がかかったということですね。

――ご両親ともお医者さんだったので、子供の頃はどこか寂しい思いがありましたか。

佐藤　やっぱり母が働いていたので。まぁそういうこともあって、私自身は積極的に子育てに関わるようになったんですけど。でも一方で思うのは、親子関係となるとやっぱり自分、つまり親の方が立場が強いので、気づかないうちに子供に対してなにか圧迫をしていたりとか、人間関係の中で「している側は気づかないこと」もたくさんあるだろうな、とはすごく思っていて。私は教育にも関わっていますから、ずっと自分を自分なりに見つめるようにしたりとか、あるいはそこで自分にできることを考えると、人と関わる時に何か強いヒエラルキー的な、階層的な関係っていうのは、できるだけ薄めたいなっていうことは思います。

――仁怜さん曰く、「お父さんは怒ったらめっちゃ怖い」って（笑）。

会場　（笑）

――佐藤さんが怒ったところはなかなか想像できないんですけれど、お子さんから見たらやっぱり「めっちゃ怖い」と。で、「お父さんの好きなところは？」って訊くと、「う〜ん、何でも買ってくれるところ」って。

会場　（爆笑）

――子供ってそういうところがあるから、可愛くもあり、面白いんですよね。

「ぎこちなさ」という愛情表現のあり方

――ではこの機会ですから、内田先生からも「こんな風に育てられた」という話を、お伺いしましょうか。

内田　僕の場合は、もう両親とも亡くなってしまったんですけど、自分と親との関係ってこんなだったなっていうのが分かったのは、二人とも亡くなってずいぶん経ってからですね。特に父親と自分の関係ってどんなだったろうって。

僕が子供の頃の父との関係っていうのが段々分かってきたのは、実は結構最近なんですよ。うちの場合は、父が僕のことをあまり愛してなかったんです。兄貴がいたんですけど、もう兄貴のことは溺愛していて。

――男二人のご兄弟ですよね。

内田　はい。よくある「第二子の哀しみ」なんです。父は基本的に僕にあまり関心がなかったんです。関心がないんだけれども、そのことを「すまない」とは思っていた。兄と弟を同じように愛してあげないといけないんだけれど、なんかいまいち弟の方には、興味が湧かない。そのことを「悪いな」とは思っていて。だから、時々ぎこちなく僕に話しかけたり、「何か買ってやろう」と言ったりする。こっちもそういうことを言われ慣れていないから、びっくりする。向こうもドギマギして、こっちもドギマギして。

父は結局、僕のことを理解できなかったし、僕も父のことを理解できなかったと、ずっと思っていたんです。けれども、今はそのことが凄く懐かしくて。「うまく愛せないのだけれども、愛さないとまずいよな」と思って、ぎくしゃくした愛情表現を技巧的に示す父親の表情や声とかを思い出すと、もう感動で胸が熱くなってくるんですよね。「ええ人やなぁ」と思って。

――小津安二郎の映画的な情景です。

内田　母親からは、すごく愛されていました。満腔の愛情を持って、抱きしめられて、完全にハッピーだった。それも幸せなんですけど、父のような、子供をうまく愛せないっていうような、ぎこちなく関わっているときの、その「ぎこちなさの背後」に、なにか柔らかい、微かなものがあるんですよ。それを感じるようになってから、自分自身も子供と接する時に、すごく楽になったんです。娘とは今は、わりとうまくいってるんですけど、時々ぎくしゃくすることもあったんで。

――お嬢さんのるんちゃんは今、東京で一人暮らしを。

内田　36歳になりますから、今は「子育て」なんて感じではもちろんなくって、普通に一人の大人として接していますけどね。

　でも、親子の関係はぎくしゃくしたものでも構わないと僕は思うんです。その時はどぎまぎしますけれど、ずっと時間が経つと、その「ぎこちない愛情表現」が、ぎごちなさゆえに、却って何十年も記憶に残っている。親が子供に対して、自分の愛情をきちんと表現しきって、過不足なく思いが伝わった親子の関係って、まあ、そんなのはなかなかないと思いますけれど、すっきりしている分だけ、記憶に残らないんじゃないですか。僕たちが覚えているのは、親子がお互いに想いを伝えようとして、うまくいかなくて、「あぁ、親子関係って、うまくいかないものだな」、「親子のコミュニケーションってほんとに難しいなぁ」と双方が思いながら、にもかかわらずコミュニケーションを続けようとしていたという、そのじたばたした感じゃないでしょうか。父親の息子をうまく愛せなくてとまどっていた表情が、僕には今とても「可憐」な感じがするんです。父が死んでずいぶん経ってから……、30代ぐらいの頃の父の顔がふと浮かんできて。ぎこちなく僕の手を握ったりする時の、握り馴れてないので向こうもちょっと照れてるっていう（笑）。それを思い出すと、胸が熱くなるんです。

――いいお話ですね。今日のフォーラムは、今の先生のお話が聞けただけで、すごく意義深い時間になりそうです。

内田　学校で教育してた時もそうだったんですけど、最初は良い教師になろうと思って、できるだけ多くの学生たちに、きちんと想いを伝えようとずいぶん力んでいた。けれども、ある時から、「そんなの無理に決まってるじゃん」って気づいた。「歩留まり2割ぐらいでいいや」って思うようになった。2割ぐらいの学生に僕の言いたいことが伝われば、残りの8割は全然聞いていなくても、理解できなくても、気にしない、と。その8割の分は他の先生たちにお任せしよう、と。教員たちで教育活動は分担すればいいじゃないか。過去にこの子たちを教えた先生がいて、これから出会う先生たちがいる。その教師たち全員で分担すればいいじゃないかって。自分の担当は一人の学生が学校で経験する長い時間のうちのほんの一コマに過ぎないんだから、欲張ることはないよ。「あの先生の授業ちょっと面白かったな。出会って、ちょっといいことあったな」くらいのことを思ってもらえれば、それで充分。それも大した情報じゃなくていいんです。さっきの親の話じゃないですけど、「あの先生は一生懸命、教壇でしゃべっているけど、何言ってるのか全然分かんなかった……。あんなに必死になってしゃべっていたのに、誰も聞いてなくて、なんか気の毒な先生だったなあ」くらいのことを思ってくれても、それがあと50年ぐらいしてから、「あの時の先生の痛々しさが今となってはたまらなく愛おしい」って思い出してくれたりしたら（笑）。

会場　（笑）

内田　そんなかたちで回想されている可能性も、あるわけですよね。そう思ったら、教壇に立つのがすごく楽になった。僕が全部を教える必要なんかない。僕はちょっとだけ教えればいい。うまく教えられなくても全然かまわない。教育ってなかなかうまくいかないものだということが伝われば、それだけでも十分じゃないかな。子育てもそうだと思うんですけど、「子供をうまく愛せない」ということすら、子供に対するとても大切なメッセージになっていて、何かが伝わっているんですよね。それは決して、否定的に捉えるべきものではなくって。

――無理に「うまく愛する」という必要はない……。

内田　ですから、「正しい子育て」とか、こういうふうに育てると子供が伸びますというようなノウハウ論なんか、全然気にしなくていいと思うんです。むしろぎこちなく、じたばたしている方が、結局は後から考えると、子供の心に一番残る親の姿じゃないかって気がするんですよ。

――自分のためにぎこちなくなっている親から、何かを感じている。

内田　そう。気持ちが通じなくって、例えば佐藤さんが仁怜ちゃんに何か話しかけても、「ふん」って言われると、ふっと悲しそうな顔とかするわけですよね（笑）。でも、それを子供はしっかり見ているわけです。その時の父親の表情をずっと記憶している。そして、「あの時、あんなこと言わなきゃ良かったなぁ」って、30年ぐらいずっと覚えていて。本当に記憶に残るのは、自分が何かをいいことをしてあげて父がニコニコした顔よりも、ちょっとしたことで、ふっと「あ、娘と気持ちが通じなくなった」と思って、しょんぼりした顔の方が記憶に残る。それも子育てなんですよ。

――佐藤さん、いかがですか？

会場　（笑）

佐藤　あの、内田先生のお話をお聞きして、すごく胸が熱くなったんですけど……。ちょっと、お話ししていなかったことがあるんですけど。実は今の私は、時間の制約もあって、書生の方みたいに頻繁には凱風館に来ることができていないんですよね。それでもここに長くいると、道場の人たちからなにか困ったことがあった時に、相談事を持ちかけられることがあります。いろんな立場の人のことを、私なりに考えるような状況があるんですよね。「これを内田先生との間でどういうふうにしていこうか」……みたいなことを考えたことも、これまでに何度かあって。そういう、私なりに悩ましい状況のことをある人に少しだけ話したら、「それ、親子の悩みじゃん」って(笑)。「それはお父さんと子供の関係じゃん」と言われて、なるほど！と思って。

——悩みどころのポイントが(笑)。

佐藤　それで自分の中で、一つの道ができたということが何年か前にあって。今日、凱風館に始めて来られた方もたくさんいらっしゃいますけど、すごく大事なことは「凱風館というコミュニティでしかできないこと」があるということでは全然なくて、やっぱり「人とつながる」ということが、何か新しい光が射すことにつながっていくのだと思うんです。今の時代は、「人とつながる」というのは、良いことずくめのような単純な捉え方をされがちなのかなとも感じるのですが、人とつながるというのは新しい悩みや苦労が出てくることでもあるんです。でも、その悩みとか苦労とかが次の力になっていく、ということなのかなと。

親はあくまで、子供にとっての「ワン・オブ・ゼム」

——内田先生がおっしゃった「ぎこちなさ」。普通に子育てについて考えると、「ぎこちなさ」

という言葉は、なかなか出てこないと思うんです。でも親子をつなぎ止めているギリギリのラインは、むしろその「ぎこちなさ」にあるという。親の側の、「自分は子供のことを一番分かっている、子供も私のことを分かってくれているはずだ」という根拠のないつながりは、ちょっと危なっかしい。一方で、子供の方も「お母さんは私のことをすべて分かってくれている、私以上に分かってくれている」と思って育ってしまうと、ある程度の年齢になった時に、「分かってくれていると思っていたお母さんって、こんな人だったの?」なんて、梯子を外されるタイミングがやってきます。

今の子育て周辺の問題で結構大きいのは、「親離れ子離れがなかなかできない」ということですよね。特に女性の場合は、お母さんが娘さんと同じ服を着たりするのが、友達みたいで良い関係だ、というような話もよく聞きます。飯田先生は「子供としてどこからかやって来たので、この子がこういう風に育ったのは決して私のせいではない」みたいなことをおっしゃっていましたけれども、それぐらいのニュートラルな、赤ちゃんの頃からの「人付き合い」だと考えると、母娘の共依存みたいなことには、あんまりならない。

子育てには失敗も成功も、おそらくはないんです。私の子供はこうなったから「子育てに失敗した」とか、うちはこんなに立派になって「子育てがうまくいった」とか、そういう風に親の側は捉えたりしますけども、実は失敗も成功もないというところを、やんわりと受け入れた方が、お互いが楽なはずです。そして子供たちは、いろんな人とのつながりや、助け

合えるところは助け合ったりする大人たちの姿を見て、コミュニティの中で何かを学んでいく。それは決して凱風館だけの話じゃなくて、日本全国で同時多発的に起きてきていることのようです。

内田　子育てに成功も失敗もないというのはその通りで、「子育て」の目的を、親が子供の人生に100%関わって、適切な方向付けをすることだと思うから、成功した失敗したみたいな話になるんですよ。工場で缶詰を作っていて、缶詰が仕様通りにできませんでした、これは「欠品」ですみたいに考えるのって、本当に間違っていると思うんです。子供の成長にはいろんな人が関わるわけで、工場みたいに親が一元的に工程管理できるようなものじゃない。まず子供は「理性を持った人間」なわけで、親は子供の人格が形成されていく長いプロセスに一時期だけ関わる「ワン・オブ・ゼム」なわけですよね。だからどう転んだって、100%コントロールできるはずがない。

うちの場合は僕がいて、あとは別れた妻がいたわけですけれど、娘を見ていると明らかにある時点から、別れた妻の影響を受けていて（笑）、どんどん僕の手から離れて、「そっちに行っちゃダメだよ」という方向に行ってしまったけど。

会場　（爆笑）

内田　これは困ったなと思って……。こちらとしては「もう少しこっちに戻っておいで」って、そんな綱引きみたいなことをしているんですけど。

——今、お嬢さんと往復書簡をされていますが。

内田　そうなんです。

——本にもなるんですよね。

内田　はい、もうすぐだと思うんですけど、面白いんですよ。あの娘には「自分の母親が見るかもしれない」というところで、SNSなんかに書いていることは、ものすごく母親似なんですよね。別れた妻が、いかにも言いそうなことを書いているんですよ。

会場　（爆笑）

内田　でもあれは、母親に読まれることを予測して書いているんだろうと思うんです。僕の方にメールで来るのは、全く文体が違うんですよ。あ、この娘もいろいろなキャラクターを演じ分けているんだな、大変なんだなって思います。

子育てには、いろんな人がいろんな影響を与えていって、一人一人についてそれぞれに違うチャンネルがあって、それぞれに向けている顔が違うんです。親とは言っても、僕らが子供について知ってることって、実はごく一部なんですよね。だから、「子育てに成功した、失敗した」なんて、いったい何を見て言ってるのかって思います。親が知らない、「アナザーサイド」がすべての子供にはあって、そちらのほうが遥かに広いんですから。

僕のささやかな望みは、僕とつながっているチャンネルにおいては、友好的に関わりたいということです。僕の子育てのポリシーは、どうやったら子供に好かれるかということに集約されるわけで、だから簡単なんです。「文句を言わない。金を出す」っていうポリシー（笑）。娘が中学生ぐらいの時に、それまでは「あれ買って」、「これ買って」といろいろ言うわけですよ。その度に僕が、「それはダメ」、「これはいい」と判断していたんですけど、だんだん面倒になってきて、ある日、「よし分かった。これから先、キミが欲しいと言うモノは全部買う」って宣言したんです。「もうキミが欲しいというモノは何でも買うことにした。うちの家計がどうなろうと、全て買う」って。そしたら、「えっ？」って（笑）。それからは、何かが欲しい時にはものすごく考えるようになった。そして、考えた末に、「あのぅ、これを買ってください」と言うようになった。それまでは自分で判断していなかったんです。自分で本当に何が欲しいのかを考えずに、ただ「買って」と言ってたんです。

——人が持っているモノとか、買ってもらったモノとか。

内田　そうです。それを、「私は、本当は何が欲しいんだろう」と真剣に考えるようになった。自分なりに判断するようになった。「子供のわがままを全部聞いてやる」と覚悟して、「我が身が滅びても、キミのわがままに付き合う」と宣言したら、その時に子供は一気に成長するような気がするんです。

――限りなき贈与を前にすると、そこで「はた」と立ち止まって考える。

内田　文句は言わない。説教はしない。金はやる。普通は逆じゃないですか。金はやらないけど、説教はするって。

会場　（爆笑）

――それが一番、子供にとって迷惑な存在で（笑）。

内田　自分が子供の時に、どんな親を望んでいたのか思い出せばわかるじゃないですか。文句を言わないで、好きにさせてくれる親が良いに決まっている。好きにさせてくれて、「お金頂戴」と言ったら「ほいよ」とくれる親が。だったら、それを徹底的に演じてみる。

――内田先生、実にお見事なシメ、ありがとう

ございます。

というところで、そろそろお時間となりました。今日はみなさん、長時間お付き合いいただきまして、どうもありがとうございました。

会場　（拍手）

［凱風館］ＨＰ　http://gaifukan.jp

児童相談所での児童虐待相談対応件数の推移

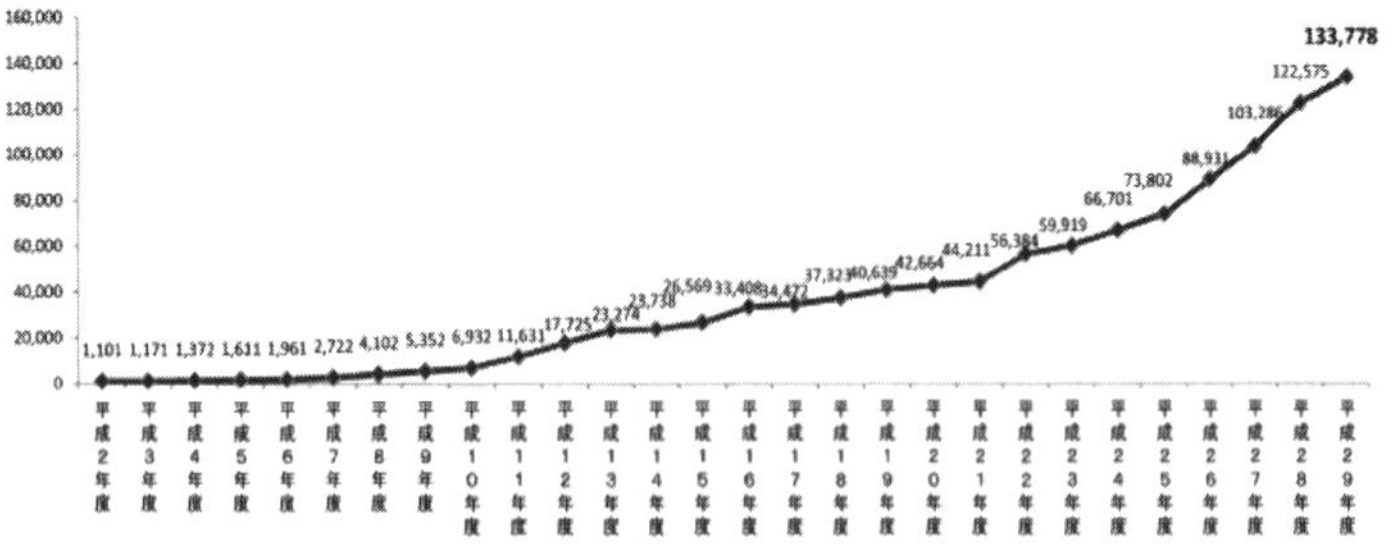

年度	平成20年度	平成21年度	平成22年度	平成23年度	平成24年度	平成25年度	平成26年度	平成27年度	平成28年度	平成29年度
件数	42,664	44,211	注 56,384	59,919	66,701	73,802	88,931	103,286	122,575	133,778
対前年度比	105.0%	103.6%	−	−	111.3%	110.6%	120.5%	116.1%	118.7%	109.1%

注）平成22年度の件数は、東日本大震災の影響により、福島県を除いて集計した数値。

資料：厚生労働省「平成29年度 児童相談所での児童虐待対応件数」

子育ての課題を考える

５ 児童虐待の増加と質の変化

待機児童問題と並んで、近年メディアでよく採り上げられているのが児童虐待です。上のグラフからも明らかなように、平成11年度頃から児童相談所への児童虐待対応件数は急激な右肩上がりを見せ、18年後の平成29年度には約12倍に増加しています。但し、これをもって「児童虐待が急激に増えている」とするのは早計です。このグラフの前提として、平成11年度の全国の児童相談所は１７４カ所・児童福祉司は１２３０人でしたが、平成29年度にはそれぞれ、２１０カ所・３２３５人と増加していることを、勘定に入れなくてはなりません。つまり、「相談・通報の受け皿が大幅に広がったこと」と、「実際に虐待件数が増えたこと」の相乗作用によって、「対応件数が増えた」ということになります（児童相談所の対象となる「児童」は0〜18歳未満）。

問題はむしろ、その中身でしょう。よくメディアを賑わせている「身体的虐待」や「ネグレクト」などもその相談件数

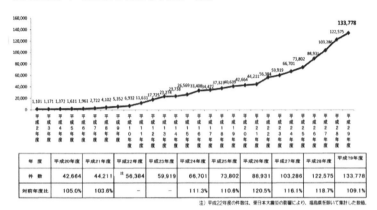

児童相談所での虐待相談の内容別件数の推移

	身体的虐待	ネグレクト	性的虐待	心理的虐待	総　数
平成20年度	16,343(38.3%)	15,905(37.3%)	1,324(3.1%)	9,092(21.3%)	42,664(100.0%)
平成21年度	17,371(39.3%)	15,185(34.3%)	1,350(3.1%)	10,305(23.3%)	44,211(100.0%)
平成22年度	21,559(38.2%)	18,352(32.5%)	1,405(2.5%)	15,068(26.7%)	56,384(100.0%)
平成23年度	21,942(36.6%)	18,847(31.5%)	1,460(2.4%)	17,670(29.5%)	59,919(100.0%)
平成24年度	23,579(35.4%)	19,250(28.9%)	1,449(2.2%)	22,423(33.6%)	66,701(100.0%)
平成25年度	24,245(32.9%)	19,627(26.6%)	1,582(2.1%)	28,348(38.4%)	73,802(100.0%)
平成26年度	26,181(29.4%)	22,455(25.2%)	1,520(1.7%)	38,775(43.6%)	88,931(100.0%)
平成27年度	28,621(27.7%)	24,444(23.7%)	1,521(1.5%)	48,700(47.2%)	103,286(100.0%)
平成28年度	31,925(26.0%)	25,842(21.1%)	1,622(1.3%)	63,186(51.5%)	122,575(100.0%)
平成29年度 (速報値)	33,223(24.8%) (+1,298)	26,818(20.0%) (+976)	1,540(1.2%) (-82)	72,197(54.0%) (+9,011)	133,778(100.0%) (+11,203)

資料：厚生労働省「平成 29 年度 児童相談所での児童虐待対応件数」

は増加傾向にありますが、左上の表から読み取れるのは、「心理的虐待」の圧倒的な増加です。平成20年度には９０９２件・全体の約21％だったものが、平成29年度には７万２１９７件で、全体の54％と過半数を超えるレベルにまで激増しています。「心理的虐待」の要因としては、育児過程における様々なストレスはもちろん、子供がある程度成長してからは、「思うように育っていない」や「親の言うことを聞かない」など、親子のコミュニケーションの問題も含まれます。

また相談経路に注目すると、平成20年度頃では「家族」や「近隣知人」と「警察」が14％程度で肩を並べていたのですが、平成29年度には「警察」が49％に達し、「家族」の7％、「近隣知人」の13％を大きく上回るに至っています。つまり、「家庭内の問題なので、ひとまずは児童相談所に伝えておく」というのが、警察の対応として一般化しているということなのでしょう。加えて、一部の都市では児童相談所建設に対する反対などの問題も起きていますから、児童虐待は社会問題であるという「常識」が、いささか脆弱になっているような気がします。

「まとめ」にかえて

学びとしての子育て

最後までのお読みいただきまして、誠にありがとうございます。「はじめに」で記したように、本書は「子育て」をテーマにしつつ、インタビューにご協力いただいたみなさんのパーソナル・ヒストリーに関するお話や、身体論や時間論、共同体論などにも手足を伸ばして、「子育てのかたち」や「子育てという営為の本質」について考えてきました。

「正しい結論のないトピック」については、いろんな人の話を訊くのが一番だと思ってこういう内容にいたしましたが、本書を通して、実際に子育て真っ最中の方は「みんな、いろいろあるんだな〜」と子育てのプレッシャーから少しは解放されて、これから結婚して子育てをするかもしれないという方には「子育てってなんだか愉しそうだな」と思っていただき、既に子育てを終えられた方には「我々の時代はこうだったが、今はこんな感じなのかね。ふむ」としみじみ感じ入っていただくことが私の望みです。少しでもそんな風に受け取っていただけていれば、嬉しいのですが。

実のところ、私自身は凱風館で合気道を学んではいません。え、今さら？と思われるかもしれませんね、ここまでもっともらしく「うんうん」と話を進めてきたのですから。私は実際には、内田先生のご自宅で毎月、麻雀卓を囲む［甲南麻雀連盟］のメンバーとして、機嫌良く麻雀をしている〝だけ〟の人間です。ですから、今回のインタビューを通じて、「合気とは何か」について、都度立ち止まって考えることが結構ありました。そしてみなさんそれぞれの興味深いお話と、私自身の「育てられ方」や「子育て体験」から得た知見とを重ね合わせて、改めて「子育てってやっぱりいろいろ難しいよなぁ、だから愉しいんだけど」という、やんわりとした実感を得るに至っています。

この「子育てって」の部分には、いろんなものを当てはめることが可能です。「恋愛って」や「結婚って」など人生に関わることはもちろん、「上司や部下とのコミュニケーションって」みたいなことでも成立するでしょう。もちろん「麻雀って」を入れても、見事に成立します（近いうちに、そういう本を書く機会があるかもしれません）。要するに、自分という人間の枠組みを変えないと対応できない「他者との応接」を、愉しいと思えるかどうかが肝要なわけです。「そのこと」を愉しむスキルさえあれば、人生のいろんなことが解決できる――お気楽過ぎると言われるかもしれませんが、実際にそうなのですよ。

インタビューに応じていただいたみなさんに共通するのは、「どうしたらいいか分からない状況に立たされた時に、適切に振る舞うことのできる能力」を、合気道から学んでいらっしゃることでした。「子育て」というのは見事に「どうしたらいいか分からない状況」の連続ですから、合気道を通じて「適切に振る舞うことのできる能力」を涵養《かんよう》されたことが、それぞれのケースで役立っているのを、読み取っていただけたのではないでしょうか。一方でそれは、「合気道をしていないと、子育てにおいて適切に振る舞うことができない」ということでは、決してありません。そもそも、「子育てにおける適切な振る舞いというものは存在しない」というのが、本書の立場ですからね。そして実のところ、「どうしたらいいか分からない状況に立たされた時に、適切に振る舞うことのできる能力」は、子育ての過程で涵養できる、最も大きな「学び」にほかなりません。

砂田さんご夫妻のインタビューの最後で、私は「ビジネス借金」という変わった言葉を用いました。株式会社も借金で始まりますが、そこには企業を成長させてより大きな利益を出して、株主に配当として還元するという「ミッション」が発生します。「ビジネス借金」はそういうミッションからはあらかじめ解放されており、「あまり極端に成長させることはせずに、継続させるためにのんびりとやろう」というニュアンスのものです。とはいえ、なんとなく「居場所があればいいなぁ」と始めた海運堂は、この春に特定非営利活動法人（NPO法人）として法人格を取得されて、いい感じでネットワークのハブとして機能するための環境を整えられました。大したものだ、と思います。

東沢さんの「連絡無精」は相変わらずのようで、それをツイッター上で岡山さんが軽くグチったりしています（「グチる相手」としてのツイッターの役割を、私は高く評価しています）。彼のそういうところは一朝一夕では治るものではないのでしょうが、多恕くんが「あのさぁ、とうちゃんさぁ」と母の思いを代弁する日も、そう遠くないような気がします。そして私はもう少し、東沢さんと飲みに行く機会を増やそうとも思っています。立場上。

飯田先生がフォーラムでおっしゃった「私とは違う人がたまたまやって来てくれて、一緒に『どうぞよろしくね』という感じで過ごしています」という一連の発言は、本書の一つのハイライトでしょう。続く「我が子を帰国子女にしたかった」という光嶋さんの発言との絶妙のコントラストは、フォーラムにお越しいただいた皆さんにも、大きな気づきを与えたのではないでしょうか。また佐藤先生の「人とつながるというのは新しい悩みや苦労が出てくること、その悩みとか苦労とかが次の力になっていく」という発言は、子育ての一つの本質を指し示すとともに、「絆」という言葉が軽々しく扱われがちな現代社会への「クールな自制の言葉」としても、程よい重みを伴っていると思います。

　そして何より、フォーラムでの内田先生ご自身のお父さんやお嬢さんとのエピソードからは、本当に学ぶべき点が多い。親の「ぎこちない愛情表現」こそが、そのぎこちなさゆえに、何十年も子供の記憶に残るものである。そして「親子のコミュニケーションってほんとに難しいなぁ」と双方が思いながら、にもかかわらずコミュニケーションを続けようとしていた……というじたばた感は、「子育てってやっぱりいろいろ難しいよなぁ、だから愉しいんだけど」という実感とも、ぴったり重なると思います。

「正しい子育て」というものは存在せず、同時に「子育てには成功も失敗もない」というところからスタートして、あちこちに飛び散らかりながら『困難な子育て』の森を彷徨《さまよ》ってきた本書は、こうしてまた同じ場所へと還ってきました。でも、その実感にはきっと、少しばかり「厚み」が加わっていることでしょう。

　ではみなさん、引き続き子育てを愉しみながら、学んでいきましょう。

おわりに

内田樹先生とは、まずもってご著書の『ためらいの倫理学――戦争・性・物語』（冬弓舎・2001年、2003年に角川書店にて文庫化）を通じて、「これまで私の周りにはいなかったタイプの知性」に触れ、瞬時にしてファンになりました。内田先生にとってはいささか迷惑な話でしょうが、それは概ね「恋に落ちた」と表現してもいいような感覚でした（多くの「タツラー」が、きっと同じように感じていらっしゃるのではないでしょうか）。

その後にご縁があって知己を得てからは、主には「甲南麻雀連盟」のメンバーとしてともに麻雀卓を囲み、内田先生が神戸女学院大学をご退任される時や、凱風館の立ち上げに際しては、少しばかりのお手伝いをさせていただきました。そうした一連の――佐藤先生や飯田先生、山本浩二画伯、釈 徹宗先生といった「内田樹文化圏」を形成する方々との関わりが、私の人生を大きく彩ってくれたことに改めて感謝するとともに、「なんらかのかたちで、先生に恩返しのようなことができないものか」と、常々考えていました。私のこれまでの著書、『もクロを聴け！』や『パット・メセニーを聴け！』、さらには『大阪（＋神戸&京都）ソースダイバー』は全て、対象となるテーマへの「恩返し」を動機とするものです。あまりにもジャンルが散らかっているので関連性を見出すのはなかなか困難かもしれませんが、実のところ本書も、全く同じパターンです。

熟慮の末に辿り着いた一つの結論は、「凱風館という『場』のユニークさを表現するために、『子育て』という補助線を引くことが有効ではないか」ということでした。内田先生ご自身がお認めになられているように、おせっかいとしてのお見合いプロジェクトである「佐分利信プロジェクト」は失敗の連続だったようですが、それがトリガーとなって結婚して、子供を生み、子育てを始めたカップルは、本書でインタビューに応じていただいた4組の他にも、たくさんいらっしゃいます。そこには内田先生の、そして凱風館の「他者を受け入れる度量」とも言うべき心地良いヴァイヴスが働いていたことは、疑うべくもありません。

「結婚しても、なんとかなるだろう」とか、「子供を作っても、やっていけるだろう」というようなぼんやりとした安心感を、凱風館という「居場所」が提供した――そのように考えていたタイミングで、三浦 展氏の『第四の消費 つながりを生み出す社会へ』という著書と出合い、「似たようなことが同時多発的に、日本全国で起こっているのだな」という確信を得て、子育てインタビュー集としての本書の企画が動き始めたのでした。『困難な子育て』というタイトルは真っ先に思いついたもので、勝手に内田先生の「困難な」シリーズの一角を占めるものにしましたが、その位置にあって恥ずかしくない本になったかどうかは、読者のみなさんの判断に委ねたいと思います。

いつもながら、うまくいくかどうかよく分からない企画に理解を示し、出版へと導いていただいたブリコルール・パブリッシングの島田　亘さんに感謝いたします。装丁・デザインの水野賢司さん、イラストを手がけてくれたしばさきとしえさんは、もはや私の著書のレギュラーメンバーです。今回もチャーミングかつ知的な1冊に仕上げてくださいました。ありがとうございます。

最後に。本書へのご協力をご快諾いただいた内田　樹先生と、インタビューに応じていただいた4組のご夫婦とそのお子様たちに、心より感謝いたします。場所塞ぎでちょっぴりワイルドな私ではありますが、「みんなのおじき」としてお役に立てるよう精進してまいりますので、引き続きどうぞよろしくお願いいたします。

2019年4月

堀埜浩二

参考文献

本書の企画構成・執筆に当たっては、左記の書籍を参考にしています。ぜひ併せて、お読みください。

『困難な成熟』 内田 樹／著（夜間飛行・2015年、2017年に同社にて文庫化）

『困難な結婚』 内田 樹／著（アルテスパブリッシング・2016年）

『街場の共同体論』 内田 樹／著（潮出版社・2014年、2017年に同社にて新書化）

＊内田先生の「困難な」シリーズの先輩本となる2冊と「街場の」シリーズの1冊ですが、特に『困難な成熟』の第4章「子育ては誰にでもできる」は必読。また第3章の「贈与の訓練としてのサンタクロース」も、個人的に大好きなパートです。

『身体知性　医師が見つけた身体と感情の深いつながり』 佐藤友亮／著（朝日新聞出版・2017年）

＊医師としての知識や経験と、合気道を通じて得た体感から、医療を「新たな風景」へと導いてくれる好著です。フォーラム内での佐藤友亮さんの発言内容を、より踏み込んで理解することができるでしょう。内田先生との対談も所収。

『みんなの家。建築家一年生の初仕事』光嶋裕介／著（アルテスパブリッシング・2012年）

＊「建築家としての処女作が凱風館の設計」という僥倖《ぎょうこう》を噛み締めながら、闊達《かったつ》に綴られる文章は心地良く、凱風館という「スペース」が「プレイス」に育っていく様子が、じんわりと染みてきます。

『柔らかい個人主義の誕生　消費社会の美学』山崎正和／著（中央公論社・1984年、1987年に同社にて文庫化）

＊少し古い本ではありますが、筆者がライターとして街や店について書き始めた初期の、座右の書であった1冊。引っ越しした時に行方不明になっていたので文庫版を買い直して、本書の執筆と並行して再読していました。山崎氏の「切れ味と温もりが共存する筆致」からは、今も多くを学び続けています。

『第四の消費　つながりを生み出す社会へ』三浦展／著（朝日新聞出版・2012年）

『毎日同じ服を着るのがおしゃれな時代　今を読み解くキーワード集』三浦展／著（光文社・2016年）

『100万円で家を買い、週3日働く』三浦展／著（光文社・2018年）

＊確かなデータ収集力と分析力に基づく三浦氏の著作は、マーケティングという枠組みを超えて、我が国の行き先を照射してくれるものばかりです。特に『第四の消費』は、著者が本書の執筆へと向かう大きな動機となりました。

取材・文・構成

堀埜 浩二（ほりの・こうじ）

1960年、大阪市西成区生まれ。説明家。イベントプロデューサーとして、関西を中心に様々なイベントの企画・制作を手がけるかたわら、街や店から、音楽やアイドルまで、幅広く執筆。現代思想から、社会や経済、音楽、アイドル、アニメまでを網羅し語る圧倒的な知識と情報量、その人柄から、凱風館のみなさんからは「ホリノのおじき」として深い敬愛を受けている。［甲南麻雀連盟］のメンバー。著書に、『大阪（＋神戸＆京都）ソースダイバー』『ももクロを聴け！ ももいろクローバーZ 10周年 全193曲コンプリート解説』『パット・メセニーを聴け！』『アイドルばかり聴け！』（全てブリコルール・パブリッシング）。

監修

内田 樹（うちだ・たつる）

1950年、東京都生まれ。武道家・思想家。神戸女学院大学名誉教授、京都精華大学人文学部客員教授。合気道道場であり、能舞台であり、寺子屋やマルシェなどの文化的イベントや交流のコミュニティ拠点である［凱風館］館長。『私家版・ユダヤ文化論』（文春新書）で第6回小林秀雄賞受賞、『日本辺境論』（新潮新書）で第3回新書大賞を受賞。著書多数。最新刊に『街場の平成論』（晶文社）。

困難な子育て

内田 樹せんせ主宰の新たな地域コミュニテ
凱風館から学ぶ「**子育てのかたち**」

2019年5月7日　初版第1刷発行

取材・文・構成　堀埜浩二
監　修　内田 樹
発行者　島田 亘
発行所　ブリコルール・パブリッシング株式会社
〒618-0002
大阪府三島郡島本町東大寺2-27-11
TEL　075-963-2059
FAX　075-963-2060
info@bricoleur-p.jp
http://www.bricoleur-p.jp
振替　00930-4-275552

装丁・デザイン　水野賢司（オフィスキリコミック）
イラスト　しばさきとしえ（オフィスキリコミック）
印刷・製本　シナノパブリッシングプレス

Published by Bricoleur Publishing co.,ltd.
ISBN 978-4-908801-6-3